キリスト元型

ユングが見たイエスの生涯

The Christian Archetype

A Jungian Commentary on the Life of Christ

エドワード・エディンジャー
岸本寛史・山愛美＝訳

Edward F. Edinger

青土社

キリスト元型

目次

口絵　受胎告知（ロヒール・ファン・デル・ウェイデン）

キリストの人生に起こったことは、
いつでもどこでも生じている。
キリスト元型には、この種のあらゆる生が
前もって形象化されている。
——C・G・ユング『心理学と宗教』

【凡例】

『聖書』の訳は新共同訳（日本聖書協会）に拠りつつ田川健三訳（作品社）を適宜参照して修正を加えた。

引用文で訳書があるものも、訳者の判断で適宜改変を加えている。

（ ）［ ］は原著どおりで〔 〕は訳者による補足である。

翻訳書は〔 〕で示し、各章の初出部分で訳者と出版社を示した。

原著におけるラテン語の用語はイタリック体で表記されており、原則として「 」をつけてラテン語も併記した（例：「万人の同意 *consensus omnium*」）。章の冒頭にあるユングの引用文では全てがイタリックでラテン語の術語のみ通常の字体となっているが、本書では章頭の引用も通常の字体で表記したので、他の部分と同様に「 」をつけてラテン語はイタリック表記にしている。ラテン語以外のイタリックは傍点を付して表記した。

「自己」は二箇所を除いてすべてSelf（大文字のセルフ）の訳語で、ユングの用語を表すものである。また2箇所の小文字のselfはユングの著書の英訳の引用文中のものだが、意味的には大文字のセルフを指しているので、これも同様に「自己」と訳した。本書で出てくる「自己」は全てユングの用語を表すものと捉えられる。

キリスト元型

ユングが見たイエスの生涯

まえがき

本書は、C・G・ユングによるキリスト神話の解釈をまとまった形で紹介しようとするものである。ユングは、伝統的な宗教がもはや担えない精神的《スピリチュアル》な宝を、現代人のために救い出そうとしている。多くの人にとって、神はかつて住んでいた教会にはおらず、そこに戻ってくることもないだろう。「我々は、ギリシア人がカイロスと呼んだ時を、つまり、「神々が変容」する時、根本的な原理や象徴が変容するまさにその時を生きている」[1]。この出来事を理解するには、偉大な受肉の神話であるキリストの生涯を吟味することが助けになるだろう。

1　Jung, "The Undiscovered Self," *Civilization in Transition*, CW 10, par. 585.［CW は *The Collected Works of C. G. Jung*（ユング著作集）を指す。］

序

キリストの元型的な生のドラマは、高次の神意によって変容を被った人間の、意識的な生《ライフ》と、意識を超えた生《ライフ》に起こった出来事とを、象徴的なイメージで描写している。[1]

キリストの生は、心理学的に理解すると、自己が個人の自我に受肉して変化していく様子と、自我が神のドラマに参加して変化していく様子とを表している。言い換えれば、キリストは、個性化の過程を表している。この過程が個人に降りかかると、救済にも惨事にもなる。教会や宗教的な教義の中に包まれている限り、個人が個性化の過程を直《じか》に体験するという危険からは守られる。しかしひとたび宗教的神話という容器から飛び出してしまうと、個人が個性化の候補者となる。ユングは次のように書いている。

1 Jung, "A Psychological Approach to the Trinity," *Psychology and Religion*, CW 11, par. 233.〔『心理学と宗教』村本詔司訳、人文書院、一九八九年、p.139〕

キリストのドラマの元型的内容が多くの人々の不安定に激しく荒立つ無意識を充全に表現できていた間は、キリストのドラマは「万人の同意 *consensus omnium*」によって一般的拘束力を持つ真理にまで高められていた。もちろんこの同意は理性的判断によるものではなく、それよりもはるかに力の強い非合理的な憑依によるものである。かくしてイエスは、誰にでも憑依しようと機を窺っている元型的諸力から人々を護る守護的なイメージ、あるいは守護符となった。福音はこう告げている、「それは起こった、しかし神の子イエスを信じている限りは、それは決して汝等の身に起こることはないだろう」。しかし、キリスト教の支配力が衰えた人々には、それは、過去にも現在でもあるいは未来においても、起こりうる。そういうわけで、いつの時代でも、密かに隠れて脇道を通り、破滅を招くか救済に到るかは知らないまま、意識的な生の支配に満足できずに、永遠の源泉を直接体験することを求めて、不安定に荒立つ無意識に魅せられるがままに旅立った人々が存在したわけであるが、彼らは、気がつくと荒野にいて、イエスのごとく、あの闇の息子に邂逅することになる。[2]

何世紀にもわたって、一連のイメージが集合的な心《サイキ》から結晶化してきて、「元型的な諸力に対する守護符」としての役割を果たしてきた。キリスト教芸術とキリスト体験とが交差するこれらの交点は、キリストの生の必要不可欠で本質的な段階を表現しているが、それは客観的な心それ自体によって、すなわち万人の同意によって、選ばれたものである。これらのイメージに決まった数があるわけではない。私は、心理学的に考えるために、最も顕著な十四のイメージを取り出した。それゆえ本書は十四章から成る。これらの一連のイメージが、キリスト神話の展開を描写しているが、それは次のように要約される。

神の先在の、唯一の息子は、自分から神性を取り除いて自分を空《から》にし、人間として受肉するのだが、それは聖霊の働きによるものであって、聖霊が処女マリアを孕ませるのである。彼は卑しい環境に生まれ、神聖な《ヌミノース》出来事が引き続いて起こり、最初の重大な危険を生き延びる。成人に達すると、洗礼者ヨハネの洗礼を受け、彼の使命を知らせる聖霊の降下を目撃する。悪魔の誘惑を生き延びて、聖職者となり、慈悲深く愛情のある神を宣言し、「天の王国」の到来を告げる。疑念に苦しんだ後、定められた運命を受け入れて、なされるがままに、連行され、裁きを受け、鞭打たれ、嘲られ、十字架にかけられる。多くの目撃者によると、墓に入って三日後に彼は蘇る。四十日間、彼は弟子とともに語り歩き続け、その後昇天する。その十日後、五旬節に、聖霊 the Holy Ghost が、約束の聖霊《パラクレテ》 the promised Paraclete が、降下する。

2　*Psychology and Alchemy*, CW 12, par. 41.〔『心理学と錬金術I』池田紘一・鎌田道生訳、人文書院、一九七六年、pp.58-59〕

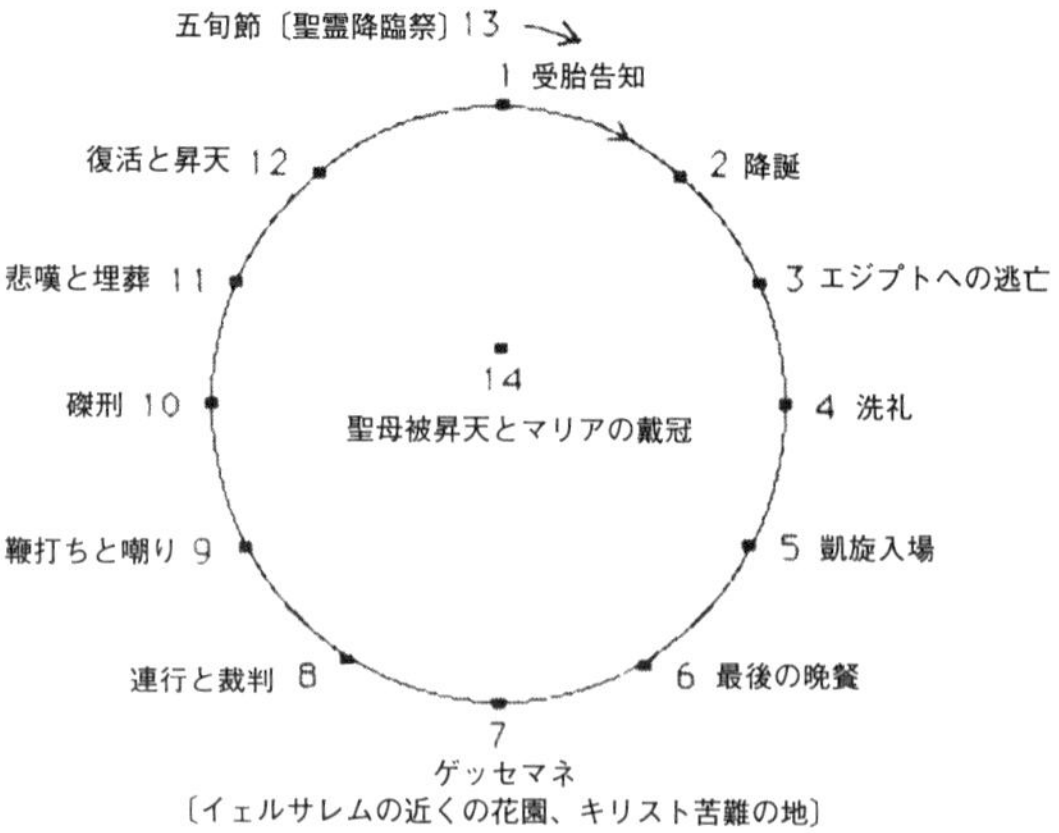

受肉サイクル

キリスト神話を構成する一連のイメージの最初と最後は、聖霊の降下という同一のイメージとなっている。従って、一連のイメージは、次のような循環プロセスを表現しているのではないかと考えられる。

五旬節は二度目の受胎告知と言える。最初の受胎告知のあとにキリストが生まれたのとまさに同じように、二度目の受胎告知のあとに教会が生まれる。[3] キリストの体としての教会は、集合的に見ると、キリストと同じ一連のイメージを生き抜くよう定められている。フーゴー・ラーナーによると、「キリストの体としての教会の地上での運命は、キリスト自身の地上での運命をモデルとしている。すなわち、教会は、その歴史的な経過の中で、死に向かって進んでいくのである」。[4] そのプロセスの集合的な担い手としての教会の死は、この元型的なサイクルを心理学的に理解する道を開き、その象徴体系を個人に移すのである。これが、ユングの言う「持続的な受肉」である。

このサイクルが一人の人間に起こったことを表していると捉えれば、それは自我が意識に近づく過程を描写していることになる。しかし、それが、人間に受肉した神に生じたことを表していると捉えれば、それは神の変容を描写していることになる。[5] この二重のプロセスが、今や、各個人の意識的な経験の領域に入ってきた。ふたたび、聖霊が降下してきたが、今度は「多くの人間のキリスト化」[6] をもたらすためである。個人にとってこれが意味することは、

「キリストの模倣」ではなく、その逆である。……「キリスト像」を自分自身の自己に同化するのである。それはもはや、骨折りでも、模倣のための意図的な努力でもなく、聖者の伝説に表されている現実を、なんら意図せずに体験することである。[7]

3 五旬節は教会の誕生日と考えられている。
4 Jung, *Mysterium Coniunctionis*, CW 14, par. 28, note 194〔『結合の神秘I』池田紘一訳、人文書院、一九九五年、pp.351-2、原注182〕で引用されている。
5 以下を参照。Edinger, *The Creation of Consciousness*, pp. 91ff.
6 Jung, "Answer to Job," *Psychology and Religion*, CW 11, par. 758.〔『ヨブへの答え』林道義訳、みすず書房、一九八八年、p.156〕
7 Jung, *Mysterium Coniunctionis*, CW 14, par. 492.〔『結合の神秘II』池田紘一訳、人文書院、二〇〇〇年、p.121〕

1　受胎告知

分析は、我々を捉える体験、あるいは天から降りかかってくる体験を解き放つものでなければならない。そこで解き放たれる体験は、古代人に生じた体験と同じく、実質と実体を持つ体験である。もしそれを象徴的に示そうと思えば、私は受胎告知のイメージを選ぶだろう。[1]

1　Jung, *Seminar* 1925, p. 111.〔『分析心理学セミナー 1925 ユング心理学のはじまり』河合俊雄監訳、創元社、二〇一九年、p.84〕

図1　受胎告知（ベリー公ジャンの「美しき時祷書」）

六ヶ月目に天使ガブリエルは、ナザレというガリラヤの町に神から遣わされた。ダビデ家のヨゼフという人の許婚である乙女のところに遣わされたのである。その乙女の名はマリアといった。天使は、彼女のところに来て言った。「幸あれ、恵まれた方。主があなたと共におられる。あなたは女の中で祝福された方」。天使を見た時、マリアはこの言葉に戸惑い、いったいこの挨拶は何のことかと考え込んだ。すると、天使は言った。「マリア、恐れることはない。あなたは神から恵みをいただいた。あなたはみごもって男の子を産むが、その子をイエスと名づけなさい。その子は偉大な人になり、いと高き方の子といわれる。神である主は、彼に父ダビデの王座をくださる。彼は永遠にヤコブの家を治め、その支配は終わることがない」。マリアは天使に言った。「どうしてそのようなことがありえましょうか。私は男の人を知りませんのに」。天使は答えた。「聖霊があなたに降り、いと高き方の力があなたを覆う。だから、生まれる子は聖なる者、神の子と呼ばれる。あなたの親類のエリサベトも、年をとっているが、男の子をみごもっている。不妊の女と言われていたのに、もう六ヶ月になっている。神にできな

2 エリサベトが妊娠して（ルカ1章24に「エリサベツはみごもった」とあるのを受けて）。

いことは何一つない」。マリアは言った。「私は主の婢です。お言葉どおり、この身に成りますように」。そこで天使は去っていった。（ルカ記1章26－38）[3]（4p口絵）

聖霊の降下は、絵では通常、マリアのもとに降りてくる鳩として表され、受胎告知と同時に懐妊したことが示される（図1）。「聖霊があなたに降り、いと高き方の力があなたを覆う」。「覆う〔／影を落とす〕overshadow（*episkiazō*）」という言葉は、神的な存在の雲に覆われることを意味している。[4]雲は、外から見ると明るいが、それに覆われると暗くなる（skiaとは影shadow、陰影shadeを表す）。このように、キリストの姿が変わる時、「雲が現れて彼らを覆った〔*epeskiazen*〕。彼らが雲の中に覆われていくので弟子たちは恐れた」。（ルカ記9章34）

ヤハウェの雲が自分に降りかかることを受け入れたことによって、マリアは、象徴的には、荒野の聖なる幕屋、あるいはヤハウェの存在が宿ったソロモンの神殿と同義になった。グレゴリーの魔術師は、神をして受胎告知の天使に向かって、こう言わしめている、「私に用意された聖所に進め、受肉の広間に進め、肉体を得て生まれるための清らかな房に進め。私の理にかなった〔精神的な、あるいは象徴的な〕聖櫃の耳に話せ」。[5]

ヤハウェの雲に「覆われる」ことの暗い側面は、聖典の資料では詳述されていない。しかしながら、シャルル・ギニュベールは次のように書いている。

古代、ユダヤ人や異教徒は、互いに競って、マリアの名誉を非難する物語を作った。彼らが再現して見せたマリアは、姦婦であり、娼婦ですらあった……。サマリア人も自らこの攻撃的な合唱に加わった。彼らの書物の中には、……［イエスの記述があるが、その表現は］クレルモン＝ガノーによって、アラビア語の翻訳をもとに、「高級娼婦の息子」という意味に解釈された。[6]

オリゲネスはイエスの母に関してケルススの報告した物語を語っているが、そこでは、「彼女が妊娠した時、結婚の約束をしていた大工にドアから追い出されたが、彼女は不貞の罪悪感に苛まれていた、そして、…彼女はパンテラという名のある兵士のところに子どもを連れて行った」と述べられている。[7]

3 特に断りのない限り、聖書の引用はすべて、欽定訳聖書（ジェームズ王訳）からのものである。

4 旧約聖書では、雲はヤハウェの顕現を示す特徴である。荒野をさまよっていたイスラエル人は、雲の柱に導かれた（出エジプト記13章21）。ヤハウェは雲の中でシナイのモーセに現れた（出エジプト記24章15、16）。幕屋が設置されたとき、雲がそれを覆った（民数記9章15）。ソロモンの神殿が完成したとき、「雲が主の家を満たした」。（列王記　上8章10）

5 *The Ante-Nicene Fathers*, vol. 6, p. 66.

6 *Jesus*, pp. 127f.

7 "Origen Against Celsus," 1, 32, *The Ante-Nicene Fathers*, vol. 4, p. 410.

図２　受胎告知（レンブラントの線画）

この伝説的な資料は、受胎告知を人間の体験として捉える場合にそのイメージを完成させる手助けとなる。受胎告知の暗い側面は、不貞が死罪となっていた時代に私生児を身ごもるという事実にある。受胎告知を描いた絵画は数え切れないほどあるが、「いと高きものに覆われる」ことの暗い側面を描いたものはほとんどない。[8] 意図せずして、アダムとイヴのエデンの園からの追放をその横に並べて置いた受胎告知の絵はいくつかある。これらの絵は、マリアの神への従順と、イヴの神への不従順とがしばしば対比されるという事実に由来する。ジョヴァンニ・ディ・パオロ（図3、次頁）の受胎告知では、黒い翼をつけた神が、楽園の追放と受胎告知の両方の場面で停空飛翔して描かれている。

パウロはキリストとアダムを結びつけて、「つまりアダムによって全ての人が死ぬことになったように、キリストによって全ての人が生かされることになるのです」（コリントの信徒への手紙一15章22）と言っている。同様に、マリアはイヴと対比的に結び付けられた。ジャスティンは次のように言っている。

彼（キリスト）は、処女（マリア）によって人間となったが、それは、蛇に端を発する不従順

8　例外として、レンブラントの線画がある（図2）。

図3　受胎告知（ジョヴァンニ・ディ・パオロ）

が、その起源から生じたのと全く同じやり方で破壊されたためかもしれない。処女で汚されていないイヴの場合は、蛇の言葉を懐胎したことによって不従順と死が招来した。しかし、マリアの場合は、天使ガブリエルが、主の霊があなたに降りいと高き方の力があなたを覆う、という朗報を告げた時、信頼と喜びとでそれを受け入れた。[9]

外典『ジェームズの福音書』には、ヨセフがマリアの妊娠を聞いた時、こう叫んだという、

> わしの家で悪事を働き、彼女（処女）を汚したのは誰だ？　（アダムの）物語がわしに繰り返されたというのか？　アダムが祈りの時間で不在の時に蛇がやってきてイヴが一人でいるのを知り、彼女を欺き（創世記3章1）、彼女を汚したが、それと同じ事が、このわしにも起こってしまった。[10]

グレゴリーの魔術師は、ガブリエルが蛇の代理人だと言う。「蛇がもはや女性と話せなくなった

---

9 "Dialogue with Trypho," chap. 100, *The Ante-Nicene Fathers*, vol. 1, p. 249.
10 Edgar Hennecke, *New Testament Apocrypha*, vol. 1, p. 381.

ために、天使が処女〔マリア〕と話すのである」[11]。

二つのイメージ間の心理学的なつながりは、類似性だけではなく、対比と対立によっても確立される。イヴが蛇の言葉に従うことと、マリアが受胎告知の天使の言葉に従うこととは、パラレルな出来事であり、同一の事態の、二つの象徴的な表現とも言える。同一の事態が、対立するものとして認識されるのは、それが生じる時の自我の発達段階が異なるからである。

マリアが神の呼びかけに従ったことは、「私は主の婢（文字通りには、奴隷の少女）です。お言葉どおり、この身に成りますように」という返答に表現されている。これは、心理学的には、ヌミノースなものとの懐胎的な出会いが魂に受け入れられたことを意味する。この出会いの結果、自我が自己の下に置かれ、奴隷のように感じられることになる。

サン・ヴィクトル派のフーゴーは、マリアの神への従順を愛の表現と解釈している。

自然に考えれば、懐胎の動機は男性の女性に対する愛であり、女性の男性に対する愛である。それゆえに、聖霊のまれに見る愛が処女〔マリア〕の心で燃えたので、聖霊の愛は、彼女の肉体の中で偉大なことを成し遂げた。[12]

個性化への衝動として理解された愛は、自我にも自己にも強い圧力となる。サン・ヴィクトル派

のフーゴーは更に続ける、

あなたは偉大な力を持っている、おお愛よ、あなただけが神を天から地に引き下ろすことができた。おお、あなたの引力はどれほど強いことか、神すらも引き寄せられるのだから……あなたは神を、その手をつないで連れてきた、その矢で傷を負わせて連れてきた、……不死身の神に傷を負わせ、負けることのないものを縛り上げ、動かすことのできないものを引き寄せ、永遠なるものに死を与えた……おお愛よ、あなたの勝利の偉大なことよ![13]

マリアの処女性は、象徴体系の重要な部分である。処女性と、個人を超えたエネルギー〔聖なる火〕を扱う能力との間には、元型的な結びつきがあるように思われる。古代ローマでは、ウェスタに仕えた処女〔神女。女神の祭壇に燃える不断の聖火を守った六人の処女〕が聖なる火を管理した。ペルーのインカでは、聖なる火が、太陽神殿の中で、処女によって守られていた。J・G・フレイザーは書いている、

11 *The Ante-Nicene Fathers*, vol. 6, p. 65.
12 Jacobus de Voragine, *The Golden Legend*, p. 206.
13 Quoted in Jung, *Symbols of Transformation*, CW 5, par. 97.〔『変容の象徴』野村美紀子訳、筑摩書房、一九八五年、p.105〕

ペルーのインカはライミと呼ばれる祭りを祝った。……それは夏至の太陽を祝うために行われた。祭りの前三日間は断食をして、男は妻と共に眠らず、首都のクスコでは明かりが一切灯されなかった。聖なる新しい火を、太陽から直接得た。太陽光線をよく磨いた凹面板の上で反射させて生綿の小片に集めて火を得たのである。……新しい火の一部が、……太陽神殿と聖なる処女のいる修道院に運ばれて、そこで一年中絶やさないようにした。聖なる炎が消えるようなことがあれば、それは不吉な前兆とされた。[14]

使徒パウロは言う、

妻〔*gyne*〕と処女〔*parthenos*〕の間にも違いがあります。結婚していない女は、体も霊も神聖にしようとして、主の事に心を遣いますが、結婚している女は、どうすれば夫に喜ばれるかと、世の事に心を遣います。（コリントの信徒への手紙　一7章34）

心理学的な処女性とは、個人的な欲望に汚染されていないという意味で純粋な態度のことを言う。中東において、愛の女神の寺院の外でその役割を遂行した聖娼が、心理学的に処女と見なされたのも、そういうわけである。[15] 処女なる自我は、個人を超えたエネルギーと同一化することなく関係を持てるほど充分に意識化された自我である。フィロンが言うように、「男性との交わりと、子どもの出産によって処女は女性になる。しかし、神が魂と関係を持ち始めると、すでに女性になっていた者が再び処女になるということも生じる」[16]。ジョン・ダンは象徴的な純潔の矛盾する性質を表現している。処女であることは、神の娼婦であることを意味する、

三位一体の神様、私の心を打ち砕いてください。……私を連れていって、閉じ込めてください。だって私は、あなたが私を奴隷にしてくださらない限りは、自由になれないのですから。あなたが私を犯さなければ、永遠に純潔を保てないのですから。[17]

アンゲルス・ジレージウスによると、

14 "Baldur the Beautiful," *The Golden Bough*, vol. 1, p. 132.
15 女性にとっての心理的処女性の意味については、Esther Harding が *Woman's Mysteries, Ancient and Modern*, pp.124ff〔『女性の神秘』樋口和彦・武田憲道訳、創元社、一九八五年〕で論じている。
16 同書 p. 146 に引用されている。
17 "Holy Sonnets," No. 14.

もし神の聖霊に誘惑されれば、
汝の内で永遠の子が生まれるでしょう。
もしマリアのように処女で純粋なら、
神は確かに汝の魂を孕ませるでしょう。

神が私を孕ませ、その霊《スリピット》が私を陰らせ、
その神が私の魂の内で立ち上がり、私を打ち砕くようにしてください。
ガブリエルの「アヴェ、マリア」は何の意味があるでしょうか、
私にも同じ挨拶をしてくれないのであれば。[18]

18 Cherubinische Wandersmann, II, 101-104, quoted in Jung, *Mysterium Coniunctionis*, CW 14, par. 444.〔『結合の神秘II』池田紘一訳、人文書院、二〇〇〇年、pp.81-2〕

2　降誕

個人の自我は、幼児《おさなご》キリストが生まれる馬小屋である。[1]

1　ユングの発言（以下の文を参照。「我々は主が生まれる飼葉桶でしかない」。CW 11, par. 267).〔『心理学と宗教』村本詔司訳、人文書院、一九八九年、p.160〕

図4　降誕（ベリー公ジャンの「美しき時祷書」）

そのころ、皇帝アウグストゥスから全領土の住民に、登録をせよとの勅令が出て、全領土が登録された。（この住民登録は、キリニウスがシリア州の長官の時に初めて行われた）。人々は皆、登録するために自分の町へ旅立った。ヨセフも、ガリラヤの町ナザレから、ユダヤのベツレヘムというダビデの町へ上っていった。（ヨセフもダビデの家に属し、その血筋だったので）。身ごもっていた許婚のマリアと一緒に登録するためである。ところが、彼らがベツレヘムにいるうちに、マリアが出産する日が到来した。マリアは初子《ういご》の男の子firstborn sonを産み、布にくるんで飼葉桶に寝かせた。宿屋には彼らの泊まる場所がなかったからである（ルカ記2章1－7）。

降誕の物語は、「全領土は登録されるべき」という勅令で始まり（*apographesthai*、登記するregistered、登録するenrolled）、人口調査が行われる。意識の全体性の在庫を調べる努力、「全ての領土*universus orbis*」、つまり、全体の円circle of the whole（ウルガタ聖書（カトリック教会の標準ラテン語訳聖書））を調べる努力が、神の子の誕生を創始する。キリストの誕生に先立って行われる地上での登録作業は、神の子の到来の結果生じる「天上での登録」を暗示している。キリストが弟子に言うように、「悪霊《スピリット》があなたに服従するからといって、喜んではならない。むしろ、あなたの名が天に書き記される［*eggegraptai*］ことを喜びなさい」（ルカ記10章20）。そして、ヘブライ人への手紙には、誠実な者たちとはその名が「天に登録されている［*apogegrammenōn*］」長子たちの教会であると記述されている（12章23）。

キリストの誕生がベツレヘムで生じたとはいえ、その故郷はガリラヤのナザレであった。それゆえ、彼には、起源となる町が二つあった。出生に関するこの二重の側面が、彼が双子であるという伝説的な観念に通じている。仮現説は、二重のイエスの概念を精緻化し、人間としてのイエスと、洗礼の時に彼に降った神の精神《スピリット》としてのキリストとが、聖職に携わる彼を貫いて生きると同時に、彼を見捨てて十字架にかけたとする。ピスティス・ソフィア〔一七七三年に発見されたグノーシス主義のテキスト〕はイエスの少年時代の物語を詳しく述べているが、その中で、幻霊がマリアのもとに訪れてこう尋ねる、「私の兄弟のイエスはどこにいますか、会うことになっているのですが」と。彼らが一緒になった時、「彼は汝（イエス）の腕を取り、汝にキスをして、汝も彼にキスをした。汝らは一つになった」[2]。

伝説によると、救世主は二重の性質を持つという。

後代の、主としてカバラの伝承には、救世主ベン・ヨセフ（またはベン・エフライム）と救世主ベン・ダビデという二人の救世主のことが語られている。この二人は、モーセとアーロン、さらに二匹の小鹿になぞらえられる。その根拠は雅歌4章5「二つの乳房は二匹の双子の小鹿のようだ」である。申命記32章17〔新旧共同訳では「33章17」〕によれば、救世主ベン・ヨセフは「雄牛の初子」である。また救世主ベン・ダビデは驢馬に乗っている。救世主ベン・ヨセフが第一の救世主、救世主ベン・ダビデが第二の救世主である。救世主ベン・ヨセフは、「自分の血によってエホバの民を贖う」ために、死ななければならない。つまり、ゴグとマゴグを相手にまわした戦いで倒れ、アルミルスに殺されることになるのである。アルミルスは反救世主で、サタンによって大理石の塊から作り出されたのであった。このアルミルスは、今度は救世主ベン・ダビデに殺されることになる。ベン・ダビデはそのあと天上から新しいエルサレムをおろし、殺された救世主ベン・ヨセフをよみがえらせる。ベン・ヨセフは後代に伝わる伝承において、注目すべき役割で姿を現す。コーランの注釈者タバリは、反キリストがユダヤ人の王となるであろうと述べている。また、アバルバネルの『マシュミア・エシュア』においては、救世主ベン・ヨセフはまさに反キリストとなっている。つまり、救世主ベン・ヨセフはたんに勝利をおさめる救世主とは逆の、苦しむ救世主と特徴づけられているだけでなく、最後には、その勝利をおさめる救世主への敵対者とさえ考えられているのである。[3]

2　*Pistis Sophia*, ed. and trans. G.R.S. Mead, p. 101.
3　Jung, *Aion*, CW 9ii, par. 168.〔『アイオーン』野田倬訳、人文書院、一九九〇年、p.123〕

救世主ベン・ヨセフは、ナザレで生まれたイエスに、つまり自己の個人的な側面に、対応する。救世主ベン・ダビデは、ダビデの町ベツレヘムで生まれたキリストに対応する。彼はダビデの息子であり、先祖代々の精神、自己の個人を超越した側面である。同様のイメージが、ディオスクロイの双子に見られる。死すべき運命のカストルと不死のポルックスとである。

「そして、マリアは初子のfirstborn [*prōtotokos*. 最初にもうけた] 男の子を産んだ」。「初子」という言葉はヤハウェにとって特別の意味がある。もし初子が贖われなければ、買い戻されなければ、彼らはそのまま犠牲として差し出されることになる。「全ての初子を聖別して私にささげよ。イスラエルの人々の間で初めに胎を開くものはすべて、人であれ家畜であれ、私のものである」（出エジプト記13章2）。犠牲にされようとしたのもエジプトの初子であり、その結果エジプト脱出が生じることになった。詩篇89章27（新旧共同訳では「89章28」）では、救世主のことを指していると考えられるが、ヤハウェがこう告げている、「私は彼を長子とし、地の諸王の中で最も高い位に就ける」。パウロは、一方ではキリストのことを予め存在するものとして記述し、「御子は見えない神の姿であり、すべてのものが造られる前に生まれた方です。というのも万物は御子において造られたからです」（コロサイの信徒への手紙1章15、16）という。そして一方では、死すべき人間として記述し、一度死ぬが、「死者の中から最初に生まれた方」（コロサイの信徒への手紙1章18）として復活するという。後者の資格において、彼は「多くの兄弟の中で長子」（ローマの信徒への手紙8章29）となり、「天に登録されている長子たちの教会」（ヘブライ人への手紙12章23）をとりまとめる。

これらの言及は、矛盾を含む自己の現象学を表現している。つまり、自己とは一時的なものであると同時に永遠であり、犠牲となる生贄であると同時に支配する王であり、死ぬと同時に再生することが運命付けられているものでもある。

幼児キリストは「飼葉桶に寝かせた。宿屋には彼らの泊まる場所がなかったからである」。宿屋inn（*katalyma*, 迎賓館、客室guestchamber）という言葉は、新約聖書で、もう一度だけ使われている。マルコによる福音書14章14とそれに対応するルカによる福音書22章11、いずれも最後の晩餐に備えて、弟子を使いに出す一節に現れる。「弟子たちと一緒に過越の食事をする私の部屋guestchamber〔*katalyma*〕はどこか」と。グノーシス主義は、宿屋のイメージを「この世の仮住まい」を指すものとして用いた。グノーシス主義の「真珠の歌」では、受肉する魂が、同じように天から降りてきて「エジプト」に逗留し、「宿屋の仲間からはよそ者」に見られたと自らのことを記している。[4]

4　Hans Jonas, *The Gnostic Religion*, p. 103〔『グノーシスの宗教』秋山さと子・入江良平訳、人文書院、一九八六年、p.82〕.
See also Edinger, *Ego and Archetype*, pp. 119ff.

図5　マギの崇拝と十字架刑（象牙の二部作）

「この世」には自己が生まれる場所がない。自己の誕生は「世界の外 *extra mundum*」で起こるものでなくてはならない。というのも、確立された現在の状態から眺めると、自己の誕生は例外的事態であり、異常であり、罪ですらあるからである。物質的存在の残酷な現実の犠牲になることを避けようと思えば、「世界」を超えた視点を持たねばならない。「生の外的条件に対して心構えをすることができるのは、その外に参照箇所があるときだけである」[5]。自己の誕生によって参照点が生じるのは、「人間と世俗を超越した権威との極めて個人的で相互的な関係を、有無を言わさず体験する」ことによってであり、「それが「世界」と「理性」のバランスをとる錘《おもり》として働いている」[6]。

動物たちに囲まれての誕生は、自己の到来が、本能的なプロセスであり、存在の生物学的側面に根ざす生き生きとした自然の一部であることを意味する。ユングが患者に言ったように、個人を超えた自己の体験は、自我膨張《インフレーション》を引き起こさないためには、「それに対してバランスを取るような多大な謙遜が必要である。ねずみのレベルまで下がる必要がある」[7]。卑しいものと崇高な者の結合は、幼児キリストを拝みにきた二組の訪問者によって表象されている。羊飼いと王あるいは賢者《マギ》とである。

マタイによる福音書2章1fには、「東方からエルサレムに賢者がやって来て、言った。ユダヤの王としてお生まれになった方はどこにおられますか。私たちは東方でその方の星を見たので、拝みに来たのです」とある（図5）。賢者あるいはマギの数は特定されていない。初期のキリスト教芸術では、二人、あるいは四人、時に六人描かれることもある。中世後期になると、三人と固定されることになった。[8]現代の夢では、その数は四である可能性が高いと思われる。[9]この違いはおそらく、中世の心《サイキ》は聖なるイメージを形而上学的な実体metaphysical hypostasisとして体験したのに対し、現代人はそれを心的現実として体験する用意ができているという事実によるのだろう。「第四のも

5　Jung, "The Undiscovered Self," *Civilization in Transition*, CW 10, par. 506.
6　Ibid., par. 509.
7　C.G. *Jung Speaking*, p. 29.
8　James Hall, *Dictionary of Subjects and Symbols in Art*, p. 6.
9　以下の例を参照。Edinger, *Ego and Archetype*, p. 126.

の問題」はつねに、心的現実の観念と体験された現実の間に存在するからである。

教父たちは、誕生星をバラムの予言に述べられている「ヤコブの星」と関連付けた。「一つの星がヤコブから進み出る。一つの笏がイスラエルから立ち上がり、モアブのこめかみを打ち砕き、シェトの全ての子らを砕く」（民数記 24章17）。ユングは指摘する、

古来ユダヤ民族のみならず広くオリエントにおいては、傑出した人物の誕生は星の出現と同一視されてきた。……救世主への希望は、つねに一つの星の出現と結び付けられてきたのである。[10]

アンディオキアのイグナティウスは、キリスト降誕の星について言う、

一つの星が、それよりも前にある星の中、天にひときわ輝いていた。その光は名状しがたく、その新しさは人々を驚嘆させた。そして、その他のすべての星が、太陽と月も、この星に合唱していた。明るさはその他のすべての星よりもはるかに際立っていた。[11]

その他の星より強い光を発している一つの星は、無意識にある多数の発光体の中の「一つの火花、

あるいはモナド」を表象し、「自己の象徴とみなされる」[12]。

地上でのキリストの誕生と同時に天で生まれた星も、二重の誕生というモチーフのもう一つの例である。それは、イエスの、個人を超えた宇宙的な対応物を意味する。このテーマは、現代人の夢にも現われている。[13] 教会が確立したクリスマスの祝いは、冬至に行われる降誕の祝祭であり、かくして新しい太陽の誕生日という異教のイメージを取り込んだが、それは象徴的には、キリスト降誕の星と等価なものである。

10 *Aion*, CW 9ii, pars. 179f.〔『アイオーン』p.132〕
11 "Epistle to the Ephesians," *The Ante-Nicene Fathers*, vol. 1, p. 57.
12 Jung, "On the Nature of the Psyche," *The Structure and Dynamics of the Psyche*, CW 8, par. 388.〔『元型論』林道義訳、紀伊國屋書店、一九九九年、pp.320-2〕
13 以下の例を参照。Edinger, Ego and Archetype, p. 159, and Anatomy of the Psyche, pp. 88f.

3　エジプトへの逃亡

人生の頂点に達して、つぼみが開き、小なるものから大なるものが現れると、ニーチェの言うように、「一が二になる」。そして、大いなるものの形が、常に存在はしていたが見ることのできなかった形が、小なる人格に、啓示の力を持って現れてくる……死に瀕するような危険の瞬間である。[1]

1　Jung, "Concerning Rebirth," *The Archetypes and the Collective Unconscious*, CW 9i, par. 217.〔「生まれ変わりについて」『個性化とマンダラ』林道義訳、みすず書房、一九九一年、pp.14-5〕

図6　エジプトへの逃亡（ブシコー元帥）

見よ、主の天使が夢でヨセフに現れて言った、「起きよ。そして、子どもとその母親を連れて、エジプトへ逃げ、私が告げるまで、そこにとどまっていなさい。ヘロデが、この子を探し出して殺そうとしている」。ヨセフは起きて、夜のうちに幼子とその母を連れてエジプトへ去り、ヘロデが死ぬまでそこにいた。それは、「私はエジプトから私の子を呼び出した」と、主が預言者を通して言われていたことが成就するためであった。さてヘロデは賢者たちにだまされたと知って、大いに怒った。そして、人を送り、賢者たちに確かめておいた時期に基づいて、ベツレヘムとその周辺一帯にいた二歳以下の男の子を、一人残らず殺させた。こうして預言者エレミヤを通して言われていたことが成就した。「ラマで声が聞こえた。激しく嘆き悲しむ声だ。ラケルは子どもたちのことで泣き、慰めてもらおうともしない、子どもたちがもういないから」。（マタイによる福音書2章13‐18）（図6）

英雄や神の子どもが誕生すると、典型的には、その命が脅かされる。[2] 主導権を握っている心的権

2　ディオニソス、ペルセウス、オイディプス、モーセの誕生などを思い起こしてもらいたい。

威（現在の王）は、未来の王に権威を奪われることを恐れる。かくして、新しく生まれた偉大な権威は、つねに心の支配的な勢力から死の危険に置かれる。と同時に、全く同じようにして、後者が前者から死の危険を感じるのである。

ヘロデ王は、芸術的表象においてはたいてい好意的には扱われていない。例外は、ベルリオーズの『キリストの幼時』のヘロデのアリアである。

夢が再び！　子どもが再び
私を落胆させた
私の栄光と存在を
脅かすこの前兆を
どう考えたらいいのか分からない
おお、哀れな王よ
支配することはできるが生きることはできない
すべてのものに法を与えるが
強く願うのは
山羊飼いの後を追って森の中に入ること

底なしの夜が
世界を包む
深く眠りに沈んで
苦痛に歪む胸に
一時の安らぎを与えたまえ
そして汝の影を
私の憂鬱な眉に触れさせたまえ……
おお、哀れな王よ
すべての努力も甲斐がない
眠りが私を避けていく
徒に苦しいといっても
すぐには汝の路は変わらない、おお、果てしない夜よ

こういう心の状態から、無垢な子どもの大虐殺が生じるのである。ある意味では、それは、王位を奪われることを恐れたヘロデの個人的な恐怖の結果だとも言えるが、もっと深い意味では、キリストの誕生に不可欠な必然の結果でもある。自己の誕生は、破局的《カタストロフィック》（文字通りには、〔天地が〕ひっ

くり返るようなoverturning）出来事であり、危険と暴力を孕んだ元型的な力が働く。

聖なる家族がエジプトへ逃れなければならないのは、ヘロデの虐殺を避けるためだけでなく、「主が預言者を通して言われた、「私はエジプトから私の子を呼び出した」という言葉が成就する」ためでもある。言い換えれば、予め定められた（元型的な）パターンが出来事の方向を定めている。このことはホセア書11章1でも触れられている、「まだ幼かったイスラエルを私は愛した。エジプトから彼を呼び出し、わが子とした」キリストがイスラエルの国に取って代わるために作られたという例は、新約聖書の中に多数ある。

旧約聖書の用法では、イスラエルの国は、ヤハウェの息子で、ヤハウェはイスラエルを集合的に扱っている。新約聖書では、集合的に担っていた宗教的な意味がイスラエルの国家という形で纏められ、単一のキリスト像、神人God-manに移され、キリストは、イスラエルを個人として人格化したものになっている。これは、集合的なものや集団心理学とは対立するものとしての個人に向かう一つの段階である。しかしながら、個人に向かうプロセスは不完全なままに留まっている。というのも、キリストのイメージだけが唯一の形而上的な実体metaphysical hypostasisだからである。そのプロセスを完成させるのが深層心理学の仕事である。個を超えた意味は、最初、ユダヤ人が集合的に担い、次にキリストという神人の形而上的なイメージが個人的に（ただし、集合的に崇拝されて）担ってきたが、それは今、一人一人の心的な経験に移されようとしている。

無垢な子どもの大虐殺は、旧約聖書の前身にもあって、エレミヤ書31章15から引用されている。「ラマで声が聞こえた。激しく嘆き悲しむ声だ。ラケルは子どもたちのことで泣き、慰めてもらおうともしない、子どもたちがもういないから」。元々の状況でこのテクストは、ラケルという彼らの祖先が、アッシリア人に虐殺され追放されたエフライム、マナセ、ベンヤミンの人たちを嘆き悲しむという意味であった。[3] 引用された一節には、すぐに救済を約束する言葉が続いている。「主はこう言われる。泣きやむがよい。目から涙をぬぐいなさい。あなたの苦しみは報いられる、と主は言われる。息子たちは敵の国から帰ってくる」。（エレミヤ書31章16）

キリストのエジプトへの逃亡とその後のエジプトからの脱出の召喚は、このように、イスラエルの出エジプトだけではなく、エレミヤが報告する敗北と囚われの後の再興によっても予示されている。このような予示は、心の中に生じた何か新しいものは、それ以前に確立されているパターンに従う時だけ意識に入ることが許されるという心理学的な事実を示している。かくして、深層心理学が新しく発見したことが現代人の心に入る入り口を見つけようと思えば、例えば、聖書のイメージの再解釈がよいということになる。[4]

3　エルサレム聖書、マタイによる福音書2章17、註g

4　「最高の精神的伝統に深く根ざしていない再生は、一時的ではかないものである。しかし、歴史的な根源から成長した支配因子は、自我に縛られた人間の中で生き物のように作用する。彼がそれを所有するのではなく、それが彼を所有するのである」。（Jung, *Mysterium Coniunctionis*, CW 14, par. 521〔『結合の神秘II』池田紘一訳、人文書院、二〇〇〇年、p.147〕）

図7　エジプトへの逃亡（ベリー公ジャンの「美しき時祷書」）

伝説によると、エジプトへの旅の途中で奇跡が起こった。聖なる家族が過ぎ去ると、偶像が台座から倒壊したという（図7）。自己の誕生によって、誤った価値が崩壊したことを示すものである。小麦畑が奇跡的に育つ。朝種を播いたのに、午後にはもう収穫ができる。この物語は、キリストを植物の精神あるいは豊穣の原理と同一視している。それは、布置された自己の近くで時に生じる顕著な一過的異常現象を暗示している。有限の時間と永遠とが交差して、意識の通常のカテゴリーである時間、空間、因果律が、短い間、保留されるのかもしれない。

　グノーシス主義者にとって、エジプトは、「体」、罪の最も暗い領域、肉体的な存在を表象していた。[5] グノーシス主義の「真珠の歌」では、天上の父の息子がエジプトに降り、蛇の手中から真珠を救い出す。[6] これは、凝固《コアグラティオ》、あるいは受肉の神話であり、[7] エジプトへの逃亡は、その一つのヴァリエーションである。「高価な真珠」が「エジプト」で見つかるという事実は、精神は物質との全体的な出会いを必要としており、自己（真珠）は、エジプト的なもの、地上に縛られた自我を認識することが必要であるということを示唆している。

5　Ibid., par. 257.〔『結合の神秘I』池田紘一訳、人文書院、一九九五年、pp.252-4〕
6　See Edinger, *Ego and Archetype*, pp. 119ff.
7　以下を参照。Edinger, *Anatomy of the Psyche*, pp. 104ff.〔『心の解剖学』岸本寛史・山愛美訳、新曜社、二〇〇四年、pp.105-42〕

4 洗礼

ついには人に自分の道を進ませ、大衆との無意識的な同一化から立ち上がらせるものは、いったい何か？　それは普通、召命と呼ばれている……それは逃れることのできない神の法則のように働く……。召命を持つ人は皆、内的な人物の声を聞く。彼は呼ばれたのである。[1]

1 Jung, "The Development of Personality," *The Development of Personality*, CW 17, pars. 299f.

図８　洗礼（ベリー公ジャンの「美しき時祷書」）

そのとき、イエスが、ガリラヤからヨルダン川のヨハネのところへ来られた。彼から洗礼《バプテスマ》を受けるためである。ところが、ヨハネは、それを思いとどまらせようとして言った。「私こそ、あなたから洗礼を受けるべきなのに、あなたが、私のところへ来られたのですか」。しかし、イエスはお答えになった。「今は止めないでほしい。ともかく義を満たすのが、我々にふさわしいことです」。そこで、ヨハネはイエスの言われるとおりにした。イエスは洗礼を受けると、すぐ水の中から上がられた。そのとき、天がイエスに向かって開いた。イエスは、神の霊が鳩のように御自分の上に降ってくるのを御覧になった。そのとき、「これは私の愛する子、私の心に適う者」という声が、天から聞こえた。（マタイによる福音書3章13‐17）（図8）

キリストの洗礼が表象するのは、溶解《ソルティオ》[2]というイニシエーションの試練、死と再生のドラマであり、そこで自我が個を超越した運命と出会い、それに専心することになる。教会にとってそれは、洗礼

2　以下を参照。Edinger, *Anatomy of the Psyche*, pp. 47ff.〔『心の解剖学』岸本寛史・山愛美訳、新曜社、二〇〇四年、pp.65-104〕

の聖餐式《サクラメント》の原型であり、肉体を持つ古い生命の死とキリストの永遠の命への再生を意味する。パウロが述べるように、「私たちは洗礼によってキリストとともに葬られ、その死にあずかるものとなりました。それは、キリストが御父の栄光によって、死者の中から復活させられたように、私たちも新しい命に生きるためなのです」（ローマの信徒への手紙6章4）。

ヨハネによる洗礼は、キリストが、最初は洗礼者ヨハネの信奉者であったことを示す。キリストは他者の導きの下に無意識に浸礼することを甘受した。これに引き続いて、自律的な心《サイキ》の体験が生じ、聖霊が降下した。似たようなことが、被分析者に転移が生じる時にも起こる。最初は個人的な依存とか投影として始まったことが、その人独自のやり方で客観的な心《サイキ》と出会うことに通じるのである。キリストが喜んでヨハネの洗礼を受けたことは、次の謎めいた一節に説明されている、「ともかく義を満たすのが、我々にふさわしいことです」と。私は、これが意味するところは、個を超えた内なる「他者」の体験に備えるためには、外の別の権威に身を委ねることが、正当であり適切である、ということだと思う。心理学的な徒弟期間が必要なのである（図9）。

仮現論者の異端教説によると、神のキリスト的性質が洗礼の際、人間としてのイエスに降りてきて、イエスを自分の道具として使うことになったのだという。かくして聖エイレナイオスによると、グノーシス主義は、二種類の洗礼について語っているという。

図９　洗礼（レンブラントの線画）

　完全な知を獲得した人々は必然的に、何ものにも勝る力に生まれ変わることになると言われている。というのも、さもなければ、プレロマへ入ることができないからであり、これ〔再生〕こそ彼らをブトスの深みへと導くからである。可視のイエスによって始められた洗礼は罪の赦しのためであったが、イエスに降臨した、あの〔目に見えない〕キリストによってもたらされた贖いは完全にするためであったからである。前者は動物的で、後者は霊的であると彼らは主張する。ヨハネによる洗礼は懺悔を目的に宣言されるが、イエスによる贖いは、完全を実現するために行われた。このことについてイエスが言及している、「そして私は授けてもらわねばならないもう一つの洗礼があるので、そちらの方にすぐさま急いでいく」（ルカ記12章30）。[3]

心理学的には二つの洗礼は、他者によって執り行われる告白（悔い改め）の洗礼と、個人が自己に対して答えなければならないという自覚が生じるような自律的な心の洗礼とに対応している。かくして、洗礼者ヨハネは言う、「私は、悔い改めに導くために、あなたたちに水で洗礼を授けているが、私の後から来る方は、私よりも優れておられる。私は、その履物をお脱がせする値打ちもない。その方は聖霊と火であなたたちに洗礼をお授けになる」（マタイによる福音書3章11）。

いくつかの古いテクストは、キリストの洗礼の時に、ヨルダンの上に火が熾ったと述べている。[4] ジャスティンは言う、「イエスがヨルダン川にやって来て、そこで洗礼を受け、水の中に歩み出たとき、ヨルダンに火が灯った。そして彼が水から出ると、聖霊が鳩のように（舞い降りて）彼に火を灯した」[5]。翻訳者が註の中で「シェキーナはおそらく聖霊の降臨に参列したのだ」と述べている。しかし、ダニエルーはそれに少しひねった解釈を与えている。

この伝統において、火は、最後の審判の破壊的な火を暗示しているように思われる。そして、多くのテクストがそれについて述べている。次の例はシビュラの神託（古代ローマの神託集）にあるものである。「かれ（神の息子）が、ヨルダン川の青いゆったりとした流れの中で体を洗われて、火を逃れ、二度目の誕生を受けた後で、彼は神を見る最初の者となるだろう。神は翼をつけた白い鳩の姿をした聖霊という形で祝福を携えて来迎されるだろう」（Ⅵ、3－7）。確かにこのテクストは、キリストが洗礼によって火から生まれたこと、そしてその時に聖霊が降臨したことを示唆しており、この見解は、キリストがヨルダン川にやってきたときに水の上に火が灯ったとするジャスティンのテクストとよく符合している。キリストが洗礼のときに火から生まれたとする考えは、『神託』のほかの場所では、「純粋な水で洗礼を広めてこられたわれらが父よ、洗礼では火から汝（言葉）が現れる」（Ⅶ、83－84）という一節に表れている。

同じ概念が、『テオドトスからの抜粋』にある。クレメントは、このヴァレンティヌスの門人の教えを説明しながら、こう書いている、「救い主の誕生が、生成（の流れ）と宿命からもたらされるのとまさに同じように、その洗礼は我々を火から救い、その受苦は我々を情熱から救う」（76、Ⅰ）。[6]

3 "Against Heresies," I, XXI, 2, *The Ante-Nicene Fathers*, vol. 1, p. 345.

4 以下を参照。Jean Daniélou, *The Theology of Jewish Christianity*, p. 227.

5 "Dialogue with Trypho," chap. 88, *The Ante-Nicene Fathers*, vol. 1, p. 243.

6 Daniélou, *The Theology of Jewish Christianity*, p. 228.

他のテクストは「偉大なる光」について述べている。[7]

心理学的に理解するなら、これらへの言及が示しているのは、シェキーナの光と火、ヤハウェの栄光、最後の審判の火、降下する聖霊である鳩はすべて、自律的な心の顕現という同じ現象の種々の側面である、ということになる。[8]

火と光に加えて、洗礼には声が伴う。権威ある「声」は夢の中にも時に現れるが、最高の敬意が求められる。[9] ここでは「これは私の愛する子、私の心に適う者」と宣言している。この言葉と対応しているのが、イザヤ書42章1にある同じような言葉で、「ヤハウェの僕《しもべ》」であることを宣言している。「見よ、私の僕を、私が支える者を。私が選び、私の魂が喜び迎える者を。彼の上に私の霊《スピリット》は置かれた」。これが伝えるメッセージは、自我は、その召命と運命を受け入れると、自己の愛と支持を得られる、ということである。

詩篇74章13にはこう書かれている。「あなたは御力をもって海を分け、大水の上で龍の頭を砕かれた」。エルサレムのキュリロスはこのテクストをキリストの洗礼に当たるものとした。「それゆえ、龍の頭を粉々に砕く必要があった。キリストは降りてきて、強い龍を海の中に縛った」。[10] ダニエルーは、「死の水に隠された龍というテーマ、そして、龍の領域へ下降するという意味を持つキリストの洗礼というテーマは、伝統の中に残ることになった」と記している。[11] ここから、キリストの洗礼は「水の中にすむ悪魔的な力」を破壊することによって水を清めるものである、という注目すべき概念が出てくる。[12] イグナティウスが書いている、「彼は生まれ、洗礼を受け、そして、その受苦によって水を清める」と。[13] そしてアレクサンドリアのクレメント曰く、

主は自ら洗礼をされたが、それが主自身に必要だったからではなく、その中で生まれ変わるあらゆる者のために、すべての水を聖別するからだ。このようにして、我々の体が清められるだけではなく、我々の魂も清められ、存在の目に見えない部分が聖別されることは、我々の魂に付着している不順な霊《スピリット》すらも、新しい霊的な誕生のときに一掃されるという事実に表されている。[14]

7 Ibid., p. 230.
8 火は煆焼《カルキナティオ》の象徴と関連している。以下を参照。Edinger, *Anatomy of the Psyche*, pp. 17ff.〔『心の解剖学』pp.31-64〕
9 ユングは以下でこれに言及している。*Psychology and Alchemy*, CW 12, pars. 115 and 294.〔『心理学と錬金術Ｉ』池田紘一・鎌田道生訳、人文書院、一九七六年、pp.122, 263〕
10 "Cathechetical Lectures," III, II, quoted in Daniélou, *The Theology of Jewish Christianity*, p. 225.
11 Ibid.
12 Ibid., p. 226.
13 "Epistle to the Ephesians," chap. 18, *The Ante-Nicene Fathers*, vol. 1, p. 57.
14 "Eclogae Propheticae," 7, quoted in Daniélou, *The Theology of Jewish Christianity*, p. 227.

水の浄化と聖別という考えは、無意識それ自体の変容を示唆する。かつては悪魔（自我に憑依する恐れのある自律的なコンプレックス）の住処だったところが、意識性の増大によって、聖なるもの、個人を超えた存在の基盤として体験されるようになるのである。

キリストの洗礼は、その宿命との出会いを意味する。それは、能動的な傾倒でもあると同時に、ヨハネと聖霊に油を注いでもらって聖別されるという受動的なものでもある。個性化の心理学では、宿命と同一性《アイデンティティ》は同じものであり、次の一対の質問がそれを示している。「私とは何か」と「私は誰か」である。[15]「主の道を整える」（マタイによる福音書3章3）。――先人としての洗礼者ヨハネが、この質問を携えて来た。ヘロデによって投獄されている間に、彼はキリストに次の質問を送った、「来るべき方はあなたでしょうか、それとも他の方を待たなければなりませんか」（マタイによる福音書11章3）。キリストの答えは、慎重さの模範のような答えである。

行って、見聞きしていることをヨハネに伝えなさい。目の見えない人は見え、足の不自由な人は歩き、らい病を患っている人は清くなり、耳の聞こえない人は聞こえ、死者は生き返り、貧しい人は福音を告げ知らされている。（マタイによる福音書11章4－5）

この答えは、自己との明示的な同一化は避け、しかしながら、その効果、つまり、洞察、知覚、癒しと刷新の活力について言及することで、自己の存在は認めている。

「あなたがその方ですか」という問いは、個性化では決定的に重要な問いである。ひとたびそれが尋ねられたら、[16] サイは振られ、そのプロセスは善悪に関わらず生き抜かなければならない。グノーシス主義はこの問いに取り組んで、次の有名な公式によってその問いに答えた。「我々が誰であり、何になったか、我々はどこにいて、どこへ投げ込まれたか、どこに向かって急ぎ、どこから救済されるのか、誕生とは何か、生まれ変わりとは何か、これらについての知識が、我々を解放する[17]」。

洗礼の直後にはこう書かれている、「さてイエスは、悪魔から誘惑を受けるため、霊に導かれて荒れ野に行かれた」(マタイによる福音書4章1)。ここで言及されているのは、自我肥大の危険であり、それは自己と出会うときに一緒に見られる。キリストを祝福した聖霊が、悪魔的なものに変わ

15 *Quis*(誰)や *quid*(何)は、個人的なものと非個人的で客観的なものを区別する。「quis は自我を、quid は自己を指す」。(Jung, *Mysterium Coniunctionis*, CW 14, par. 362, note 51〔『結合の神秘II』池田紘一訳、人文書院、二〇〇〇年、p.374 註46〕)

16 「幸いなことに、自然はその優しさと忍耐力で、ほとんどの人に人生の意味を問うことはない。そして、誰も聞かないところでは、誰も答える必要がないのである」。(Jung, "The Development of the Personality," *The Development of the Personality*, CW 17, par. 314)

17 Hans Jonas, *The Gnostic Religion*, p. 45.〔『グノーシスの宗教』秋山さと子・入江良平訳、人文書院、一九八六年、p.70〕

り、誘惑者となる。このイメージが表現しているのは、個人を超えたエネルギーに同一化してそれを個人の目的に使うように自我が誘惑されることである。

誘惑の物語は、イエスが衝突した心的な力の本性を明らかにしてくれる。彼を荒野の恐ろしい誘惑へと導いたのは、勢力あるシーザーの〔ような専制君主的〕心理学という、権力に毒された悪魔だった。この悪魔とは、客観的な心であり、それはローマ帝国の全国民を支配下に置いた。イエスに地上の王が約束されているのもそのためである。彼からシーザーを作るかのようである。内なる召命の声に従って、イエスが自ら身を曝した帝国主義的な狂気とは、支配者も被支配者も関係なく、すべての人の心を占めていたものであった。このように、彼が認識していた客観的な心の本性は、全世界を困窮に陥れていたので、救済への熱望が生じ、異教徒の詩にすらその表現を見出した。抑圧したり、心的な急襲に抑圧されるに任すどころか、彼は自ら進んでそれを行い、それに同化した。こうして、世界を征服する専制主義〔シーザー主義〕は、精神の王政へと変容し、ローマ帝国は神の普遍的な王国へと変わった。それはこの世の王国ではなかった。[18]

18　Jung, "The Development of the Personality," *The Development of the Personality*, CW 17, par. 309. See also *C.G. Jung Letters*, vol. 1, pp. 267f.

5　エルサレムへの凱旋入場

我々は皆、キリストがしたのとまさに同じことをしなければならない。自分の実験をしなければならない。間違いを犯さなければならない。自分自身の人生の展望を生きなければならない。誤りも生じるだろう。しかし誤りを避けていては、生きることにならない。[1]

1　Jung, C.G. *Jung Speaking*, p. 98.

図 10　凱旋門（ベリー公ジャンの「美しき時祷書」）

一行がエルサレムに近づいて、オリーブ山沿いのベトファゲに来た時、イエスは二人の弟子を使いに出そうとして、言われた。「向うの村へ行きなさい。するとロバがつないであり、一緒に子ロバのいるのが見つかる。それをほどいて、私のところに引いて来なさい。もし、誰かが何か言ったら『主がお入り用なのです』と言いなさい。すぐ渡してくれる」。それは預言者を通して言われていたことが成就するためであった。「シオンの娘に告げよ。『見よ、お前の王がお前のところにおいでになる、柔和な方で、ロバに乗り、荷を負うロバの子、子ロバに乗って』」。弟子たちは言って、イエスが命じられたとおりにし、ロバと子ロバを引いて来て、その上に服をかけると、イエスはそれにお乗りになった。大勢の群衆が自分の服を道に敷き、また、ほかの人々は木の枝を切って道に敷いた。そして群集は、イエスの前を行く者も後に従う者も叫んだ。「ダビデの子にホサナ。主の名によってこられる方に、祝福があるように。いと高きところにホサナ」。（マタイによる福音書21章1-9）（図10）

キリストの人生の中でも頂点をなすドラマは、「奇妙な出来事、エルサレムへの凱旋入場[2]」で始まる。この瞬間、彼は力の誘惑に負け、王と呼ばれるのを自ら許した。そしてエルサレムに入るや否や、彼は激怒した。

それから、イエスは神殿の境内に入り、そこで売り買いをしていた人々を皆追い出し、両替人の台や、鳩を売る者の腰掛を倒された。そして言われた。「こう書いてある。『私の家は、祈りの家と呼ばれるべきである』。ところがあなたたちは、それを強盗の巣にしている」。(マタイによる福音書21章12、13)(図11)

険悪な雰囲気が翌日も続き、彼は差し出すべき実をつけていないからとイチジクの木を呪った(マタイによる福音書21章19)。

エルサレムへの彼の入場の仕方は、キリストがゼカリヤ書9章9で予言されていた王と、あからさまに同一化したことを示している。

シオンの娘よ、大いに喜べ。エルサレムの娘よ、歓呼の声をあげよ。見よ、あなたの王が来る。彼は神に従い、勝利を与えられた者。高ぶることなく、ロバに乗って来る。雌ロバの子であるロバに乗って。

図 11　神殿から両替人を追い出すキリスト（レンブラントのエッチング）

元型的イメージとの同一化が表に出ると、きわめて危険である。とはいえ、受肉のプロセスの暗い側面としてそれが必要であるというのがキリストの運命であったように思われる。両替人に対する彼の怒りは、怒りに対して自ら命じていたこと（マタイによる福音書5章22）に背くものであり、「お金」が彼の影の一つの側面であったことを示している。しかしながらこの一面性は、精神的《スピリチュアル》な「王国」を作るという彼に運命付けられた仕事に必要な部分だったのであり、それによって当時の非情なまでの物質主義に対抗できたのである。ユングが言うように、誘惑の中で「イエスが自ら身を曝した〔内側からの〕帝国主義的な狂気とは、支配者も被支配者も関係なく、すべての人の心を占めていたものであった[3]」。

自我がそのような無意識の力に曝されると、常に、たとえ部分的で一時的なものであっても、なにがしかの憑依や同一化が生じる。変容のドラマは、自我が「必要な間違い」(felix culpa)に屈することなくしては、展開しない。[4]

2 Ibid., p. 97.
3 "The Development of the Personality," *The Development of the Personality*, CW 17, par. 309.
4 「自我中心性は意識に必要な性質であり、また意識に特有の罪でもある」。(Jung, *Mysterium Coniunctionis*, CW 14, par. 364)〔『結合の神秘II』池田紘一訳、人文書院、二〇〇〇年、p.24〕

6　最後の晩餐

投影された葛藤が癒されるには、葛藤はいったんそれが無意識に始まった場所、つまり個々人の心《サイキ》の中へ戻されねばならない。己れ自らと最後の晩餐を祝い、自らの肉と血を食べ、飲まねばならない。それはつまり、自らのうちの他者の存在を認め、これを受け入れるということである。……それぞれが自分の十字架を背負わなければならないというキリストの教えは、このような意味なのだろうか。自分が耐えなければ、どうして他の人を助けることができるだろうか[1]？

1　Jung, *Mysterium Coniunctionis*, CW 14, par. 512.〔『結合の神秘II』池田紘一訳、人文書院、二〇〇〇年、pp. 139-140〕

図12　最後の晩餐（カトリーヌ・ド・クレーヴの時祷書）

そして一同が食事をしているとき、イエスはパンを取り、祝福してこれを裂き、弟子たちに与えて言われた「取って食べよ、これは私の体である」。また杯を取り、感謝して彼らに与えて言われた、「皆、この杯から飲め。これは罪の許しを得させるようにと、多くの人のために流す私の血、契約の血である」（マタイ26章26、27）

私の肉を食べ、私の血を飲む者には永遠の命がある。（ヨハネ6章54）（図12）

最後の晩餐のイメージは、その再演がキリスト教教会の中心的な儀式となったために、象徴的に大きな発展を遂げてきた。[2] ユングはこの主題について大部のエッセーを書いている。

ミサ自体は、比較宗教史において独特な現象ではあるが、もしそれが人間の心《サイキ》に起源を持た

2 "Transformation Symbolism in the Mass," *Psychology and Religion*, CW 11.〔「ミサにおける転換象徴」『心理学と宗教』村本詔司訳、人文書院、一九八九年、pp.183-281〕

ないとすれば、その象徴的な内容は人間にとって全く異質のものになるだろう。しかし、もしそのように心に根ざしたものであるとするならば、人類早期の歴史のなかにも、また同時代の異教の思想の世界にも、類似の象徴のパターンを見出すことが期待できるかもしれない。……ミサの祈祷書は旧約聖書に「前もって形象化されているもの」を仄めかすものを含んでおり、間接的には古代の供儀の象徴全般をも仄めかしている。明らかなのは、キリストの犠牲と聖体拝領において、人間の心の最も深い琴線の一つに触れるということである。つまり、人間の犠牲と儀式の人類学に触れるのである。……ここでは以下の例を挙げるにとどめたい。国土と人民の繁栄のためになされる王の儀礼的殺害、そして〔王たる〕人間の犠牲によって成し遂げられる神々の復活と再生、そして参加者たちを祖先と再合一させることを目的とするトーテムの食事。これらのヒントをあげるだけでも、ミサの象徴がいかにして心とその歴史の深い層に染み込んでいるかを十分に示してくれるだろう。[3]

最後の晩餐は「晩餐会」元型あるいは聖なる食事の特殊な例であり、凝固《コアグラティオ》[4]の象徴体系というさらに大きな分類に属する。最後の晩餐の一番初めのものは、過越しの祭の食事であり、過越しの祭の象徴がその中に含まれている。キリストが、贖罪のための生贄として過越の子羊に置き換わったのである。（出エジプト記12章3ff）最後の晩餐に「トーテムの食事」という側面があることは、「生肉

の饗宴 *Omophagia*」というディオニソスの儀式と類似していることからわかる。アレキサンドリアのクレメンス〔ギリシアのキリスト教神学者〕は「バッカス信者たちは、狂乱のディオニソスを祝して酒宴を催し、生肉を食べて聖なる狂気を祝い、儀式の最後の締めくくりとして屠殺された犠牲獣の肉を分配する」と述べている。[5] ジェーン・ハリソンは「この恐ろしい儀式に不可欠なのは、殺害された獣〔牡牛かヤギ〕をバラバラに切り裂く部分であり、おそらく、かつての生の姿に戻すことが目的で、というのも、血は生命であるからだ」と我々に告げている。[6] この儀式は、幼いディオニソスがティーターン族に、肢体切断され、食べられたことを再現している。

キリストとディオニソスの神話の間には、驚くべき類似がある。ディオニソスは、ギリシアの神々の中では唯一人間の女性、セメレーから生まれた。ディオニソスは、母親をハーデスから救い、天に住まわせた。デュオニソスは、最初の生で、幼いときにティターン族に八つ裂きにされ、つまり「受難」を体験した。〔「最初の生」とあるのは、八つ裂きにされたディオニソスは、その心臓の断片が

3 Ibid., par. 339.〔『心理学と宗教』pp. 204-205〕
4 以下を参照。Edinger, *Anatomy of the Psyche*, pp. 111ff.〔『心の解剖学』岸本寛史・山愛美訳、新曜社、二〇〇四年、pp.133-4〕
5 "Exhortation to the Greeks," II, 12, quoted in Jane Harrison, *Prolegomena to the Study of Greek Religion*, p. 483.
6 Ibid., pp. 482f.

入った酒を飲んだセメレーが妊娠し、再び誕生した（第二の生）とされているからである」。「生肉の饗宴」において、ディオニソスは参拝者たちに、彼らが不死であることの証として自らの肉を食べるよう提供している。その悲劇のドラマはディオニソスの密儀から派生してきたものであり、キリスト教が展開してきた「現世」における生の悲劇的な見方と類似している。[7]

「生肉の饗宴」において、生贄の牡牛あるいはヤギはディオニソス本人を表しており、自らの肉を帰依者たちに食べるように提供する。同様に、最後の晩餐とミサの儀式において、キリストは教徒たちに霊的な滋養物として自らの肉と血を提供する。この文脈では、キリストはアントロポス、最初の全き人間を表している。キリストの肉を頂くということは、永遠のもの、個人を超えたものを食べるということである。ユングは次のように述べている。

聖餐の秘儀は、部分的な存在にすぎない経験的な人間の魂を、全体性へと変容し、それが象徴的にはキリストで表されているのである。それゆえこのような意味において、ミサを個性化のプロセスの儀式であるという事が出来る。[8]

キリストが弟子たちに「私の肉を食べ、私の血を飲む者には永遠の命がある」[9]と言ったように、「生肉の饗宴」に参加することで、参拝者たちにバッコスが与えられる。それはつまり、ディオニソスの神格的な性質を授かることである。[10] キリストあるいはディオニソスの肉はこのように「不死の食べ物 *cibus immortalis*」であり、それは賢者の石[11]の別名でもある。心理学的には、これは、「永遠という視点で」物事をみることを可能にする自己の意識を意味する。

初期の図像学では、最後の晩餐は魚料理として描かれている（図13）。そこではキリスト自身が魚（*ichthys*）[12]であるとされた。この象徴は、最後の晩餐をユダヤの伝説の救世主の晩餐と結びつける。その伝説も魚料理で、海獣リヴァイアサンの肉が信心深い者に提供される。[13] リヴァイアサンを食べることは、明らかに、原初的な心を意識的に同化することを指している。同様の意味が、魚料理の最後の晩餐にも当てはまる。魚は、冷血で強欲な性質の無意識的内容物を表わしている。大きな魚、

7　キリストとディオニソスはワインと葡萄の象徴体系も共有している。以下を参照。Edinger, *Ego and Archetype*, pp. 235ff.
8　"Transformation Symbolism in the Mass," *Psychology and Religion*, CW 11, par. 414.〔『心理学と宗教』pp. 255-6〕
9　John 6: 56 adds, "He that eateth my flesh, and drinketh my blood, dwelleth in me, and I in him."
10　以下を参照。Harrison, *Prolegomena to the Study of Greek Religion*, pp. 478ff.
11　Jung, *Mysterium Coniunctionis*, CW 14, par. 525.〔『結合の神秘Ⅱ』pp.149-50〕
12　魚としてのキリストについては、以下のユングの著作で細部にわたって論述されている。Jung, "The Sign of the Fishes," *Aion*, CW 9ii, pars. 127ff.〔『アイオーン』野田倬訳、人文書院、一九九〇年、pp.91-110〕
13　Raphael Patai, *The Messiah Texts*, pp. 236f.

図 13　初期キリスト教の最後の晩餐（モザイク）

リヴァイアサンと同じく、それらは原初的な心《サイキ》の小型版で、意識的な理解による変容が必要である。[14]

このように考えていくと、聖餐の秘儀の象徴の逆説的な性質が明らかになる。一方では「食べ物」は個人を超えた自己との結びつきを取り戻してくれる。他方、それは第一質料であり、自我の努力によって変容され人格化されねばならない。パウロは、次のように書いており、聖餐の二重の意味を知っていたと思われる。「まず自分を吟味し、それからパンを食べ、杯を飲むべきである。主の体をわきまえないで飲み食いする者は、その飲み食いによって自分に裁きを招くからである」。(コリントの信徒への手紙一11章28、29)。

14　聖書外典『トビト書』と比較されたい。

7 ゲッセマネ

磔刑の問題は個性化の始まりであり、そこには血と苦難の道という キリスト教の象徴体系の隠された意味がある。[1]

1 ユングの未公刊の手紙で以下に引用されている。Gerhard Adler, "Aspects of Jung's Personality and Work," p.12。以下と比較されたい。Nikos Kazantzakis, *The Saviors of God*, p. 93:「私たちは、この地上にる深紅の線、赤い血が迸るような線を見分けることができる。物質から植物へ、植物から動物へ、動物から人間へともがきながら登っていくその線を」。

図14　庭園の苦痛（カトリーヌ・ド・クレーヴの時祷書）

それから、イエスは彼らと一緒にゲッセマネというところへ行かれた。そして弟子たちに言われた、「私が向こうへ行って祈っている間、ここにすわっていなさい」。そしてペテロとゼベダイの子二人とを連れて行かれたが、悲しみ始め、とても沈んだ気持ちになられた。その時、彼らに言われた。「私の魂はひどく悲しんでいて、死んでしまうほどである。ここにとどまり、私とともに目を覚ましていなさい」。そして少し進んで行き、うつ伏せになり、祈って言われた、「わが父よ、もしできることでしたらどうか、この杯を私から過ぎ去らせてください。しかし、私の思いのままにではなく、御心のままになさって下さい」。それから弟子たちのところに来てご覧になると、彼らが眠っていたのでペテロに言われた、「あなたがたはこのように、ひと時も私と一緒に目を覚ましていることができないのか。誘惑に陥らないように、目をさましして祈っていなさい。精神に意志があっても、肉体が弱いのである」。また二度目に行って、祈って言われた、「わが父よ、この杯を飲まないかぎりこの杯が私のもとから過ぎ去らないのでしたら、どうか、御心が行われますように」。また来てご覧になると、彼らはまた眠っていた。その目が重くなっていたのである。それで彼らをそのままにして再び進み、三度目も同じ言葉で祈られた。（マタイによる福音書26章36‐44）

そのとき、御使が天からあらわれてイエスを力づけた。イエスは苦しみもだえて、ますます切に祈られた。そして、その汗が血のしたたりのように地に落ちた。（ルカによる福音書22章43、44）（図14）

ゲッセマネにおいて、キリストは、自分は磔にされる運命にあるという恐ろしい実感と充分に向き合う。この運命は「杯 *potērion*」のイメージによって象徴されている。旧約聖書では、この杯という言葉はおもに二通りに使われている。一つは自らに与えられた運命を決めるくじを引く占いの杯であり、もう一つはヤハウェの復讐の杯である。詩篇（の作者）はこう主張している、「主は私に与えられた分、また私の杯。あなたは私の分け前（運命）を守られる」。（詩篇16章5）イザヤはこう告げている、「エルサレムよ、起きよ、起きよ、立て。あなたはさきの主の手から憤りの杯をうけて飲み、よろめかす大杯を、滓までも飲みほした」（イザヤ書51章17）。[2] ヤハウェの復讐の杯を滓まで飲み干すのが、キリストに運命づけられた課題なのである。そして恐ろしい復讐とは、自らの満足のために息子の拷問と死を求めることである。心理学的には、原初の心《サイキ》の情動を同化することは個性化における自我の課題であることを意味している。

中世の絵画（図14参照）には、しばしば、キリストが神の手から聖杯と聖餅を受け取っているところが描かれているが、それはつまり、キリストが自分自身の肉や血を食べたり飲んだりしているということである。こうしてゲッセマネは、最後の晩餐の象徴体系を完成する。[3] この過程は、古代の、自分の尻を食べている蛇、ウロボロスのイメージと符合する。

ウロボロスという原像に、自らを呑み込み自らとの間に円環を形成するという思想が潜んでいる。……ウロボロスは対立するもの、つまり影の統合と同化の鮮烈な象徴である。この「フィードバック」のプロセスは、同時に不死の象徴でもある。……それ（ウロボロス）は対立するものが衝突することから生まれる一なるものを象徴している。[4]

キリストがヤハウェの復讐の杯を進んで飲もうとすることで、ヤハウェの悪を「消化」することになり、それによってヤハウェは情愛のある神に変容する。集合的あるいは元型的な影を、わずか

2　以下も参照せよ。Ps. 75:8; Jer. 13:13, 25:15-18, 48:26, 49:12, 51:7; Lam. 4:21; Ezek. 23:32-34; Hab. 2:15-16; Zech. 12:2.
3　クリュソストモスは、「キリストが、（最後の晩餐式を始めるにあたって）自分の肉を食べ、自分の血を飲んだ最初の者だ」と述べている。(Jung, *Mysterium Coniunctionis*, CW 14, par. 423)〔『結合の神秘II』池田紘一訳、人文書院、二〇〇〇年、p.66〕
4　Ibid., par. 513.〔『結合の神秘II』p.140〕

でも同化しようとする者は誰でも、神の変容に貢献することになる。[5] エーリッヒ・ノイマンは次のように述べている。

個人が現実の中で自らの生の全体を生きる限り、個人は……集合的なものの諸元素を鋳造しなおし、それを新たな統合に仕上げ、やがて集合的なものに送り返すための、錬金術のレトルトになる。しかしながら、自らの影を同化するプロセスの一部分として実現される、悪の先取り的な消化は、同時に、集合的なものに対しての免疫としての役割も果たしている。個人の影はつねに集団の集合的な影と結びついているので、個人の悪の消化を通して、集合的な悪の断片もいつも一緒に消化されるのである。[6]

ゲッセマネ体験は、眠気に悩まされる。すべての出来事が起こる間、目を覚まして見ているように（*grēgoreō* 警戒をして寝ずに番をせよ）とキリストが懇願したにもかかわらず、四人のうち三人までもが眠ってしまった。黙示録16章15のキリストが、同じ言葉を用いている。「見よ、私は盗人のように来る。見ている［ho grēgoreōn］ものは幸いである」。目を覚ましていることを強調しているのは、問題になっているのが意識性だということを示している。キリストは断末魔の苦痛 *agonia* を経験しようとしている。それは唯の苦しみではなく、肉《フレッシュ》と精神《スピリット》の間の争い、あるいは葛藤 *agone* なのである。

対立するものの間の葛藤に持ちこたえるには、人は眠るか祈るかしかないと伝えているようだ。心理学的な行為としては、祈祷は能動的想像に相当し、それによって、情動の葛藤の背後に潜む心的イメージやファンタジーを目に見えるものにしようとする。[7] 立ち現れて来るイメージは、しばしば贖いや変容の効果を持っており、衝突している対立物に折り合いをつける。

祈祷や能動的想像によって布置される内的な強さの源泉は、ルカ伝では、仕える天使の姿に人格化されている（図15）。この事態が、ヘルダーリンの詩句に述べられている。

危険があるところには
救いとなる力も芽生える[8]

5 以下を参照。Edinger, *The Creation of Consciousness*, pp. 91ff.
6 *Depth Psychology and a New Ethic*, p. 130.〔『深層心理学と新しい倫理』石渡隆司訳、人文書院、一九八七年、p.150〕
7 以下を参照。Jung, *Memories, Dreams, Reflections*, p. 177〔『ユング自伝1』河合隼雄・藤縄昭・出井淑子訳、みすず書房一九七二年、p.253-4〕：「情動をイメージに翻訳することができた分だけ、つまり情動の中に隠されたイメージを見つけることができた分だけ、私は内的には穏やかで安心できた。情動に隠れたイメージを放置していたら、そのイメージに引き裂かれていただろう。……私はこの実験の結果、情動に潜む特定のイメージを見つけることが、治療の観点からどれほど役に立つかを学んだのである」。
8 *Wo aber Gefahr ist, / Wächst das Rettende auch.*（"Patmos"〔ヘルダーリンの詩「パトモス」〕より）

図15　天使に慰められるキリスト（レンブラントのエッチング）

あるいは、ユングが言うところでは、

すべての中で最高にして決定的な体験は、……〔自分〕自身の自己と向き合うことである――心の客観性を表す言葉であれば「自己」の他にどんな言葉を選んでもよいが。患者は、自分自身を支えることが出来なくなったとき、何が自分を支えているのか知ろうと思えば、一人にならねばならない。患者にゆるぎない基盤を与えることができるのはこの経験しかない。[9]

ゲッセマネで生じる肉と精神の間の葛藤に関して、オリゲネスは興味深い見解を述べている。

救い主〔キリスト〕の魂に関する福音書の幾つかの節の中で、魂《ソウル》という名の下に述べられていることもあれば、精神《スピリット》という名の下に述べられていることもあるが、これは注目すべきである。聖書が、救い主に降りかかった苦しみや困難を暗に示したい時には、魂という名の下に次のように述べている。「今や私の魂は苦しんでいる」、「私の魂は悲しんでいて、死んでしまう

9 *Psychology and Alchemy*, CW 12, par. 32.〔『心理学と錬金術I』池田紘一・鎌田道生訳、人文書院、一九七六年、p.47〕

ほどである」、そして「誰も私から魂を取り去ることはないが、自分でそれを捨てる」。もう一方では、救い主は「父の手の中に」魂ではなく精神を託す。そして「肉体は弱い」という時、救い主は「魂」に「意志がある」とは言わず、「精神」に「意志がある」という。このことから、魂とは、弱い肉体と意志のある精神との間の一種の媒介であるかのように見える。[10]

ゲッセマネの苦しみの中、肉体と精神の間の葛藤は心《サイキ》の中で折り合いを付けられたが、心はそれら二者を結びつける媒体である。[11] これは抽出の手続きであり、[12] そこで生じる血の汗は、錬金術師の「永遠の水 *aqua permanens*」に相当する。錬金術師ゲルハルト・ドルネウスによるテクストは同様のことを次のように述べている。

〔哲学者は〕賢者の石のことを生ける石と呼ぶ。なぜなら最終の作業で、この最も崇高な火の神秘の力によって、血のような濃い赤色の液体が彼らの素材と容器から一滴一滴滴り落ちるからである。そしてそれゆえ彼らは、最後の日に最も混じりけのない〔あるいは純粋な〕世界を解き放つ人が地上を訪れ、ばら色や赤い色の血の滴を滴らし、それによって世界は堕落から救済されると予言した。同様にして、賢者の石の血もまた、腐敗した金属や人類を病から解放する。……そしてそれゆえに、その石は生ける〔／魂をもったanimate〕石と呼ばれるのである。この石の血の中にはその魂が隠されているからである。……同じ理由でそれを彼らの小宇宙と呼んだ。なぜならその石にはこの世界のあらゆるものの似像が含まれているからである。プラトンが大宇宙を生ける宇宙と呼んだように、彼らはそれを生ける小宇宙と言った。[13]

ユングは、ドルネウスのテクストに次のようなコメントをしている。

その石は、「全き人間 *homo totus*」を表象しているので、ドルネウスにとって、秘密の物質とその血の汗について論じる時、「最も純粋な者 putissimus homo」について話すのは、論理的な帰結にすぎない。なぜならこれ〔その石〕はその本質だから。彼〔最も純粋な者〕こそが秘薬《アルカヌム》であり、その石とその類似物ないしその先駆けがゲッセマネの園でのキリストなのである。こ

10 *Origen on First Principles*, pp. 127f.
11 「人間のあらゆる精神的進歩は、魂の苦しみから生じる」。(Jung, "Psychotherapists or the Clergy," *Psychology and Religion*, CW 11, par. 497〔「心理療法と牧会の関係について」『心理学と宗教』村本詔司訳、人文書院、一九八九年、p.285〕)
12 「ゲッセマネ」とは、「オイルプレス」という意味で、オリーブオイルを抽出するための場所である。
13 以下で引用されている。Jung, "The Philosophical Tree," *Alchemical Studies*, CW 13, par. 381.〔『哲学の木』老松克博・工藤昌孝訳、創元社、二〇〇九年、pp.115-6〕

の「最も純粋な」、「最も真実なる」人間は彼の本質以外の何ものでもあってはならない。ちょうど、「純銀 argentum putum」が混ぜ物のない純粋な銀であるように、彼は完全な人間でなくてはならず、人間的といえるあらゆるものを知っており、持っている。いかなる影響や外部からの添加物によっても、純度は落ちない。この者〔最も真実な者〕は「最後の日」にしか地上に現れない。彼はキリストではありえない。なぜならキリストはすでに、自らの血によって、堕罪の結果から世界を救済したのだから。……ここでの問題は、未来のキリストや「小宇宙の救い主 *salvator microcosmi*」ではなく、むしろ錬金術的な「宇宙の維持者 *servator cosmi*」であり、全体的で完全な人間という未だ無意識の観念を表わすものである。その者は、キリストの犠牲的な死が明らかにやり遂げられなかったこと、つまり世界を悪から救い出すことを成し遂げる。キリストと同様に、彼は贖いの血を滴らせるが、……それは「バラ色」で、自然な普通の血ではなく、象徴的な血、心的物質、ある種のエロスの顕現なのである。そしてそれは、大衆だけでなく個人をもバラの印のもとに一つにし、全体にする。[14]

14　Ibid., par. 390.〔『哲学の木』pp.122-3〕

8　連行と裁判

彼は言った、「私の国（kingdom）はこの世のものではない」。
しかし「国」であることに変わりはない。[1]

1　*C.G. Jung Speaking*, p. 97.

図 16　キリストの連行（カトリーヌ・ド・クレーヴの時祷書）

連行

見よ、時が迫った。人の子は罪人の手に渡されるのだ。起きなさい、さあ行こう。見よ、私を裏切るものが近づいてきた。そして、イエスがまだ話しておられるうちに、そこに、十二人〔の弟子〕の一人であるユダが来た。また、祭司長、民の長老たちから送られた大勢の群衆も、剣と棒とを持って彼について来た。イエスを裏切った者が、あらかじめ彼らに、「私の接吻する者が、その人だ。その人をつかまえろ」と合図をしておいた。彼はすぐにイエスに近寄り、「師に幸あれ」と言って、イエスに接吻した。しかし、イエスは彼に言われた、「友よ、そのために来たのか」と。このとき、人々が進み寄って、イエスに手をかけてつかまえた。（マタイによる福音書26章45‐50）（図16）

悲劇のドラマは、キリストが敵意ある「群衆」と出会うことで、その結末へ急展開する。この言葉（*ochlos*、群衆、野次馬）は、政治的統一体としての国民を表す*demos*という言葉とは対照的に、「組織化されていない群衆」を指している。[2] それに対応する動詞*ochleō*は「……野次馬や騒動に邪魔されること、煩わされること」を意味する。[3] それは、騒がしく、要求ばかりし、暴動へと傾く集合的な人間や「大衆的人間」を指している。

群衆は、福音書の初めの方に言及されている。例えば、マタイによる福音書4章25「こうして、おびただしい数の群衆（*ochloi*）が来てイエスに従った」。エルサレムへの凱旋の時にも「群衆のうち多くの者は自分たちの上着を道に敷き、……そして群衆は、前にいく者も、あとに従うものも、ともに叫び続けた、ダビデの子に、ホサナ」（マタイによる福音書21章8、9）キリストは、凱旋して、救い主との明確な関連を示す、「ダビデの子」の集合的な投影を受け入れたので、「受けを狙った play to the crowd〔文字通りには、「群衆に対して演じた」〕」という印象を拭いきれない。

集合的なものはすべて、大きな力と危険を持つ無意識的な心的有機体である。それらは、意識的な自我が介入することなく元型的なエネルギーを具体化するため、気まぐれなことで悪名高い。「群衆が大きくなればなるほど、個人は取るに足らないものになってしまう」[5]が、「意識……の担い手は個人なのである」[4]。ユングは次のように付け加えている。「キリストは、偶然、群衆が集まっているところに弟子を呼び寄せたのだろうか。食べ物を与えてもらってついてきた五千人の群衆〔マタイによる福音書14章21〕で、後に他の人たちと一緒になって「磔にしろ」と叫ばなかった者がいたであろうか」[6]。さらに付け加えれば、彼を「ダビデの子」と歓呼して迎えた「群衆」は、その後、彼の国が「この世のものではない」と知って、「磔にしろ」と叫んだ群衆と同じではなかったか。

キリストの連行の際に、気まぐれな群衆が彼を裏切ったのは予想されるとしても、それだけでなく、弟子の一人もまた裏切ったのである。裏切りは個性化のテーマである。対立するものの現象学と関係しているからである。それは、エナンティオドロミアを言い換えた言葉でもある。[7] 対立する価値の間の葛藤状況において、個人は忠誠を覆して敵に門扉を開く。裏切り者は、つねに両方から軽蔑される。なぜなら集合心理学の「聖なる」価値、つまり集団との同一化への忠誠を冒すことになるからである。

忠誠心と裏切りは対立物のペアである。将来への忠誠心は過去への裏切りを必要とするかもしれないし、またその逆も然りである。ある意味では、キリストは集合的なユダヤの遺産を裏切ったのである。彼は異端者であり、それゆえ裏切り者として罰せられた。このことは、個人の発達のある段階では、個性化を達成するために集合的な忠誠心を裏切らねばならない場合があるという心理学

2　W.E. Vine, *An Expository Dictionary of New Testament Words*, vol.3, p. 91.
3　Liddel and Scott, *Greek-English Lexicon*, p. 509.
4　Jung, "The Undiscovered Self," *Civilization in Transition*, CW 10, par. 503.
5　Ibid., par. 528.
6　Ibid., par. 536.
7　「エナンティオドロミアとは、「逆流」という意味である。ヘラクレイトスの哲学では、事象の流れにおける対立物の戯れ、つまり、存在するすべてのものがその反対のものに変わるという見解を示すのに使われている」。(Jung, "Definitions," *Psychological Types*, CW 6, par. 708〔『タイプ論』林道義訳、みすず書房、一九八七年、p.460〕)

的な事実に対応する。後になって、その「罪」が実を結ぶと集合的なものに貢献することもある。

ヨハネの福音書13章26ｆによれば、ユダは、最後の晩餐で、恐ろしい運命を与えられる。キリストが、弟子の一人が自分を裏切ろうとしていると告げた後、それが誰なのか尋ねられ、キリストは答えた、「私が一切れの食物を浸して与えるものがそれである」。そして、「一切れの食物を浸して取り上げ、シモンの子イスカリオテのユダにお与えになった。この一切れの食物を受け取るや否や、サタンがユダに入った」。

中世の絵画には、キリストが一切れを与えるや否や、ユダの口の中へ小さな悪魔の姿をしたサタンが入っているのを示しているものがある（図12）。それはまるでキリストがその瞬間、ユダに定められた運命を与え、ユダはそれを従順に行ったかのようだ。裏切りが「接吻」をもって成し遂げられたり、キリストが接吻を受ける時、ユダのことを「友」と呼んだりしたことの理由が、このことから分かるであろう。接吻はその人を相応しい運命へと導く愛情の行為である。磔にされるのがキリストの運命だったのだ。それゆえにキリストはユダを「友」と呼び、ペテロがそのような運命は避けられると仄めかした時に怒ったのである。

イエスは自分が必ずエルサレムに行き、長老、祭司長、律法学者たちから苦しみを受け、殺され三日目に蘇ることになっていると弟子たちに示し始められた。すると、ペテロはイエスを脇へ引き寄せて、諌め始め「主よ、とんでもないことです。そんなことが起こってはなりません」と言った。しかしイエスは振り向いて、ペテロに言われた。「サタンよ、引き下がれ。お前は私の邪魔をする者だ。お前は神の道を思わないで、人の道を思っているのだから」。（マタイによる福音書16章21‐23、エルサレム聖書）

カヤパの前の裁判

さて、イエスを捕まえた人たちは、大祭司カヤパのところにイエスを連れて行った。そこには律法学者、長老たちが集まっていた。ペテロは遠くからイエスについて、大祭司の中庭まで行き、その成り行きを見届けるために、中に入って下役どもと一緒に座っていた。さて、祭司長たちと全議会とは、イエスを死刑にするため、イエスに不利な偽証を求めた。そこで多くの偽証者が出てきたが、証拠があがらなかった。しかし、最後に二人の者が出てきて、言った、「この人は、自分は神の神殿を打ち壊し、三日のうちに建てることが出来る、と言いました」。すると大祭司が立ち上がってイエスに言った、「何も答えないのか。これらの人々があなたに対して不利な証言を申し立てているが、どうなのか」。しかし、イエスは黙っておられた。そこで大祭司は言った、「あなたは神の子キリストなのかどうか、生ける神に誓って我々に答

図 17　カヤパの前のキリスト（レンブラントの線画）

えよ」。イエスは彼に言われた、「あなたがそう言ったのだ。しかし、私は言っておく。あなたがたは、間もなく、人の子が力〔神のこと〕の右に座し、天の雲に乗って来るのを見るであろう」。すると、大祭司は自分の衣を引き裂いていった、「彼は神を汚した。どうしてこれ以上、証人の必要があろう。あなたがたは今この冒瀆を聞いた。あなたがたの意見はどうか」。すると、彼らは答えて言った、「死に価する」。（マタイによる福音書26章57 - 66）（図17）

キリストは、ヤハウェの臨在の場である神聖なる神殿を打ち壊すよう脅したと非難されている。それは実は、キリスト神話の発展によって明らかになった、キリストの隠れた意図であった。キリストはかくして、古い制度、宗教的な価値として確立されていた集合的な容器に対する裏切り者だったのである。このことは、ヨハネによる福音書11章50で、キリストが「一人の人が民に代わって死んで、民族全体が滅びないようにするのが私たちにとって徳なのだ」と言う時の、カヤパへの態度を説明している。司教が表出した恐怖は「もしこのままにしておけば、皆が彼を信じるようになるだろう。その上、ローマ人がやって来て、私たちの土地も人民も奪ってしまうであろう」(ヨハネによる福音書11章48)ということだった。しかしながら、ローマ人がいなくともキリストはユダヤ人の正統性を脅かした。それゆえ、キリストは異端ということで裁判にかけられる。

宗教的な共同体にとっては、異端は精神的な反逆罪であり、国への反逆よりも危険なものであった。その心的脅威の程度は、呼び起こされる防衛的な反応の強さで測ることが出来る。その尺度からすると、異端は真の信者たちにとっては究極の脅威なのである。それは至高の心的価値を脅かすので、肉体的な存在だけを脅かす死よりも危険なのである。キリストがユダヤ人の司教たちの中に布置したのは、このようなレベルの反応だった。

もちろん異端の裁判は心の現実の全体を見る視点を見失っている。いかなる教義の正統の信者にとっても、心《サイキ》はいまだに自律的な実体としては存在せず、形而上学的な実体にすぎない。キリストが挑戦しているのは、このような事態である。キリストは自分が「神の子、キリスト」であると認め、これによって肉体の運命が決定される。その文脈では、これは自我膨張《インフレーション》ではない。それは、個人を超えた心《サイキ》の現実が個人の意識に現れたことの証であり、これが個性化の本質的な特徴である。

ピラトの前の裁判

さて、ピラトはまた官邸に入り、イエスを呼び出して言った、「あなたは、ユダヤ人の王であるか」。……イエスは答えられた、「私の国はこの世のものではない。もし私の国がこの世のものであれば、私に従っている者たちは、私をユダヤ人に渡さないように戦ったであろう。しかし、事実私の国はこの世のものではない」。そこでピラトはイエスに言った、「それでは、あなたは王なのだな」。イエスは答えられた、「あなたの言うとおり、私は王である。私は真理の証人となるという目的のために生まれ、また、そのためにこの世に来たのである。誰でも真理につく者は、私の声に耳を傾ける」。

カヤパにとって、重要な問題は「あなたは神の子なのか」だった。ピレトにとっては、「あなたは王なのか」だった。それらは同じ問いの宗教版と政治版である。心理学的には、その問いは「あなたは、集合的な宗教や政治の権威よりも重要な、内的な個人を超えた権威を持っているか」ということである。このような権威を持つことで、象徴的に言えば、その人は「神の子」、「王」になる。

9　鞭打ちと嘲り

神的な変化の過程は、我々人間の理解の及ぶところでは……
罰、苦痛、死、そして変貌として現れる。[1]

1　Jung, "The Visions of Zosimos," *Alchemical Studies*, CW 13, par. 139.〔『ゾシモスのヴィジョン』老松克博訳、竜王文庫、二〇一八年、p.65〕

図 18　キリストの鞭打ち（カトリーヌ・ド・クレーヴの時祷書）

そこでピラトは、イエスを捕まえ、鞭で打たせた。(ヨハネ19章1)(図18)

それから総督の兵士たちは、イエスを官邸に連れて行って、全部隊をイエスのまわりに集めた。そしてその上着をぬがせて、赤い外套を着せ、また、いばらで冠を編んでその頭にかぶらせ、右の手には葦の棒を持たせ、それからその前にひざまずき、嘲弄して、「ユダヤ人の王ばんざい」と言った。また、イエスにつばを吐きかけ、葦の棒を取りあげてその頭をたたいた。こうしてイエスを嘲弄したあげく、外套をはぎ取って元の上着を着せ、それから十字架につけるために引き出した。(マタイによる福音書27章27-31)(図19)

これらの出来事は、自我の徹底的な格下げを表している。拷問と屈辱は、個性化の殺《モルティフィカティオ》の段階に属するものである。[2] 自己を体験することは、自我にとってはつねに敗北である。自我は、自己

2 See Edinger, *Anatomy of the Psyche*, pp. 147ff.〔『心の解剖学』岸本寛史・山愛美訳、新曜社、二〇〇四年、pp.177-216〕

図19　キリストの嘲り（レンブラントの線画）

の場所を作るために相対化されねばならない。[3] 自己の全体性は影をもたらし、影と出会うといつも痛ましい屈辱を受けることになる。キリストが寺院の中で両替人を懲罰したのは、ほんの一両日前のことだった（図11）。いまやその懲罰が何倍にもなって彼の身に返って来ている。

キリストの肉体的かつ心理学的苦痛は礫刑で頂点に達し、それはイザヤ書53章の「ヤハウェの苦しむ僕」の叙述と対応している。

> 彼は侮られ、拒絶されていた。悲しみの人で、災いを知っていた。また我々は彼から顔をそむけ、彼は侮られた。彼を尊ばなかった。彼は我々の災いを負い、我々の悲しみをになった。しかるに、我々は思った、彼は打たれ、神にたたかれ、苦しめられた

のだと。しかし彼は我々のとがのために傷つけられ、我々の不義のために砕かれたのだ。彼は自ら懲らしめをうけて、我々に平安を与え、その打たれた傷によって、我々は癒されたのだ。（3-5節）

義なるわが僕はその知識によって、多くの人を義とし、また彼らの不義を負う。（11節）

ヤハウェの苦しむ僕は、「全体性を意識すること」を取り戻そうとする性質を人格化したものとして理解しうる。それは、言われるままにもう一方の頬を差し出すこととは全く関係はない。そうではなくて、個性化された自我は、権力主義に陥らずに、つまり防衛的な暴力や絶望に屈服せずに、権力主義の猛攻撃に耐え抜くことが出来るという事実に関連している。その結果として、集合的な心に緩やかな変容が生じる。「その知識〔意識〕によって、義なるわが僕は、多くの人を義とするであろう」。次のようにユングは書いている。「こうして、世界を征服する専制主義は、精神の王政へと変容した[4]」と。

3　Jung, *Mysterium Coniunctionis*, CW 14, par. 778.〔『結合の神秘II』池田紘一訳、人文書院、2000年、p.356〕

4　"The Development of Personality," *The Development of Personality*, CW 17, par. 309. 錬金術師たちは、キリストの責め苦と第一質料の変容を同一視した。以下を参照。Jung, *Mysterium Coniunctionis*, CW 14, pars. 484ff.〔『結合の神秘II』pp.114-5〕

10　磔刑

悪の現実とその善との相容れなさが、もろもろの対立を引き裂き、生きとし生けるものを仮借なく十字架にのぼらしめ、磔刑に処する。「魂は本来キリスト教的である」から、このような事態はイエスの生涯におけるのと同じように、何人にも避け難いものであるに相違いない。我々は皆「キリストとともに十字架にかけられる」ことになっている。つまり我々は皆、真の十字架に相当する精神的苦悩、善と悪との葛藤という形で磔刑に処せられる必要があるのだ。[1]

1　Jung, *Psychology and Alchemy*, CW 12, par. 24.〔『心理学と錬金術Ⅰ』池田紘一・鎌田道生訳、人文書院、一九七六年、p.37〕

図 20　磔刑（スペイン初期の写本彩飾画）

そして、ゴルゴダ、すなわち、されこうべの場、というところに来たとき、彼らは胆汁を混ぜたぶどう酒を飲ませようとしたが、イエスはそれをなめただけで、飲もうとされなかった。彼らはイエスを十字架につけてから、くじを引いてその着物を分けた。預言者が語ったことを成就するためである。彼らはくじを引いてその着物を分け、そこにすわって彼を見張った。そしてその頭の上の方に、「これはユダヤ人の王イエスである」と書いた罪状書きをかかげた。同時に、二人の強盗がイエスと一緒に、一人は右に、一人は左に、十字架につけられた。（マタイによる福音書27章33-38）（図20）

磔刑は西洋の心《サイキ》の中心的なイメージである。

十字架上のキリストの死は、キリスト教芸術の中心的なイメージであり、キリスト教の思索の視覚的な焦点である。そのイメージの特徴は、流行している宗教的な思想や感情の風潮を反映しながら、時代から時代へと変化した。……初期の教会はそのテーマを避けていた。キリスト教が古代ローマで禁止された宗教だった時代、磔刑は、キリストである子羊を十字架と並置することで象徴的に表されていた。キリスト教の礼拝が自由にできるようになったコンスタンティヌス帝の時代以降であってさえも、十字架自体は、まだキリストの姿を伴わずに描かれていた。現在のような磔刑のイメージが初めて見られたのは六世紀になってからのことだが、象牙、金属による作品や写本など、表現が多様化するカロリング朝までは稀だった。この時期、聖母マリアと福音伝道者の聖ヨハネ、百卒長、海綿運搬人、二人の強盗、くじを引いている兵隊たちなど、磔刑の恒久的な特徴となる福音書の別の人物たちも定期的に描かれていた。またこの時期から、十字の両側には象徴的な太陽と月、そして教会とシナゴーグを表す寓意的な像が見られるようになるが、後者はルネサンス初期には廃れてしまった。何世紀にもわたり、西欧では、ビザンチン帝国の影響下で、キリスト自身が生きていて目は開いており、王冠を被った勝利の救い主として描かれてきた。十一世紀になると、最初は一方の肩に頭を落とし、後には茨の冠を被った、やせ衰えた姿の新しいタイプが登場した。それ以降このタイプが西洋美術では主流となった。[2]

このようにして、集合的な意識は、何世紀にもわたってこのイメージとの関わりを変えてきた。当初は、元型的で非個人的な様式で表現されており、人間の苦悩を暗示したものではなかった。宗教改革までは、個人的で人間的な側面は増大していた。宗教改革では、プロテスタントの偶像破壊主義が、キリスト像を十字架から完全に取り除いてしまった。これは合理的な抽象主義の勝利を意味するものだった。

磔刑は、対立物の並置を描いている。それは、人間と神とが交差する瞬間である。自我と自己とがそれに重なる。自我を象徴する人間の姿が、自己を象徴するマンダラである十字架に釘で打ち付けられる。十字架の周りには様々な対立物のペアが布置されている。例えば、キリストの両側には二人の強盗が磔にされている。一人は天国に、もう一人は地獄に行く。この三重の磔刑は、キリストが自分自身の対立物である反キリストと結合しているという、今でなければ思い付かないような考えを仄めかしている。

キリストの属性（父との本同質性〔神学で特に三位一体の子と父とのことを言う〕、永遠の共存、神の子たること、処女による誕生、磔刑、対立の犠牲となった子羊、多に分配された一など）から、疑いの余地なくキリストが自己の具体化されたものであることを認められはするものの、心理学的見地から見ると、キリストはこの元型の半分にしか相当しない。もう片方の半分は、反キリストの中に現れている。反キリストも同じように自己を具現化してはいるものの、自己の暗い側

2 James Hall, *Dictionary of Subjects and Symbols in Art*, p. 81.

図 21　磔刑（エヒタナハ福音書の表紙）

面から成り立っているに過ぎない。両方ともキリストのシンボルであり、強盗たちに挟まれて十字架にかけられた救い主の像と同じことを意味している。この偉大なシンボルの言わんとしていることは何か。それは、意識の進化が進み、分化していくと、その行き着く先は、否が応でも、仕方なく、矛盾、対立を認めなければならないということである。そして意識の進化と分化が意味するのは、他でもない自我の磔刑である。すなわち統合できない対立物の間に自我は宙吊りにされ悶え苦しむのである。[3]

キリストが二人の強盗に挟まれて十字架にかけられていることで、人間は次第に自分自身の影や、影の持つ二重性についての知識を手に入れていったのである。この二重性は、蛇の持つ二重の意味によって先取りされていた。蛇が救済すると同時に堕落させる力も表すように、強盗の一方は上方へ、もう一方は下方へと行き先が定められている。そしてまた「影」も、一方では遺憾に堪えない、非難されるべき弱点を意味するとともに、他方では健全なる本能性とより高き意識性への欠かせぬ条件を意味している。[4]

3 Jung, *Aion*, CW 9ii, par. 79.〔『アイオーン』野田倬訳、人文書院、一九九〇年、p.63〕
4 Ibid., par. 402.〔『アイオーン』p.283〕「人類の贖い主」としての泥棒については、以下を参照。Jung, "The Tavistock Lectures," *The Symbolic Life*, CW 18, par. 210.

図 22　樹木としての十字架（聖書の彩飾画）

十字架の周りに集まる対立物の別のペアには、槍の運搬人と海綿の運搬人、そして太陽と月さえも含まれていた。磔刑は明らかに結合であり、その結合という象徴の現象学を明らかにするものである。[5] 教会美術には、磔刑のイメージをマンダラへと変える明らかな傾向があった（図21）。アウグスティヌスは、驚くべき言葉の綾で、磔刑を結合と同じものとしている。

かくしてキリストは花婿のように部屋から現れ、婚礼の予感を抱いてこの世の現場へと急いだ。……彼は十字架という新婚の床に辿りつき、それにのぼることによって結婚を完了させた。そして被造物のため息を聞き取った時、愛を込めて花嫁の代わりにわが身を責め苦に委ねた。……そしてその女性を永遠の絆で自らに結びつけたのである。[6]

結合によって生じるのは、アントロポス、全体的な人間によって代表される自己である。アダム

5　以下を参照。Edinger, *Anatomy of the Psyche*, pp. 211ff.〔『心の解剖学』岸本寛史・山愛美訳、新曜社、二〇〇四年、pp.247-74〕

6　以下に引用されている。Jung, *Mysterium Coniunctionis*, par. 25, note 176.〔『結合の神秘Ⅰ』池田紘一訳、人文書院、一九九五年、p.349、註166〕。par. 568〔『結合の神秘Ⅱ』池田紘一訳、人文書院、二〇〇〇年、pp.178-9〕も参照。

図 23　磔刑（デューラー木版画）

は最初のアントロポスを、[7]キリストは第二のアントロポスを象徴している。この関係は、十字架はアダムの墓から生えてきた樹だったという、伝説的な考えが示している（図22）。この樹は、生命の樹（善悪を知る知恵の樹という説もある）の枝から生えてきたとも言われている。

再生した自己のもうひとつのイメージは、慣習的な表現として十字架に付けられた四文字（INRI）の記号の中にも現れている（図23）。これらの文字は、Iesus Nazarenus Rex Iudaeorum（ユダヤ人の王、ナザレのイエス）を表している。実際、それらは新しい四文字（ヤハウェの四子音文字）を構成している。旧約聖書において、ヤハウェの名前は決して声に出されることはなくYHWH、Yod Hē Waw Hēという四つの子音だけで表されていた。[8] 重要なのは、文字のうちの一つが二回使われているので、四要素構成であると同時に三要素構成でもあることだ—これが「三と四のジレンマ」である。[9] 新しい「四文字」はまたこのジレンマを繰り返し、またしても客観的な心《サイキ》の基本的な均一

7 Ibid., pars. 544ff.〔『結合の神秘Ⅱ』p.162〕
8 Ibid., par. 619.〔『結合の神秘Ⅱ』pp.201-3〕。以下も参照。Edinger, *The Bible and the Psyche*, p. 48.
9 錬金術では、「三は揃っているが、四つ目はどこにあるのか」ということが重要なテーマである。心理学的には、四つ目の劣等機能を同化して全体性を得ることが非常に困難であることを意味している。また、ユングが指摘するように、「四は女性的、母性的、肉体的なものを意味し、三は男性的、父性的、精神的なものを意味する。したがって、三と四の間に見られる不安定は、ほとんど精神的なものと肉体的なものとの間の揺れを意味しているといってもよく、これは、人間の真実はそれがどのようなものであれ究極的真理ではないということを示す好例である」（*Psychology and Alchemy*, CW 12, par. 31.〔『心理学と錬金術Ⅰ』p.45〕）。

性を示している。

初期の神学において、キリストの十字架は宇宙を一つにする道具として考えられていた。パウロは次のように述べている。

彼〔キリスト〕は私たちの間の平和であって、二つのもの〔ユダヤ人とキリスト教徒〕を一つにし、二つを隔てていた隔壁〔*phragmos*〕を取り除いた。……それは彼にあって、二つのものを一人の新しい人に造りかえて平和を来たらせ、十字架によって二つのものを一つの体として神と和解させた。（エペソ人への手紙、エルサレム聖書）

ジャン・ダニエルーは次のようにコメントしている。

パウロのテクストは、実は二重の隔壁を仮定している。まず、二つの民を隔てるものがあるが、……もう一つ、上の国と下の国とを隔てるものもある。これはありふれた概念である。……マンダ教徒〔グノーシス主義の一派〕の間では……それは下の世界とプレロマとを隔てる天の壁を表している。外典の『列伝』にもあり、この場合は火の壁として考えられている。

この視点においてキリストは、二重の意味で単一性を回復する。キリストは二つの国民を隔てる垂直の壁と、人間と神とを隔てる水平の壁の両方を破壊する。キリストはそれを十字架によって為し遂げる。十字架は、十字を形成するために垂直にも水平にも伸びていて、キリストの二重の作用を表しているように見える。これらもまた、ある意味では二重の十字架である。つまり、キリストの到来以前に存在した分離の十字架と、キリストの到来である統一の十字架である。[10]

「二つの十字架」とはマンダラの象徴体系の二つの側面を指している。最も単純な形においては、円の中にある十字で、そのマンダラは望遠鏡の十字線のように、視野の中の異なる領域を秩序立てて識別する機能を持つ。その一方で、含まれるものすべてを包括的な全体の中で一つにする。[11] グノーシス派もまた十字架の二重の性質について述べている。

［十字架は］……いろいろな名前で呼ばれているが、二つの機能を持っている——一つは支え

10 *The Theology of Jewish Christianity*, pp.279f.
11 キリスト教の十字架が、水平方向を犠牲にして垂直方向を強調しているという事実は、物質よりも精神の方に偏っていることを示している。

る機能であり、もう一つは、分離する機能である。支え、支援する限りにおいては、それはStauros〔十字〕であり、分かち分離する限りにおいては、それはHoros〔限界〕である。これらは、救い主をこの二重の機能を示すものとして表している。まず、「自分の十字架を担って私について来るものでなければ、私の弟子になることは出来ない」〔ルカによる福音書14章27〕と「十字を背負って、私について来い」〔マタイによる福音書10章21〕という時には支える機能であるし、「地上に平和をもたらすために、私が来たと思うな。平和ではなく、つるぎを投げ込むために来たのである」〔マタイによる福音書10章34〕と言うときには、分離する機能である。[12]

そしてユングは次のように述べている。

四要素構成の魔除け的な意味は、エゼキエルが（同書9章4で）、主の命令によって、正しい人の額には裁きから守るために十字の印をつけるよう求めたことから生まれている。それは明らかに神の印である。というのも神自ら四要素構成の属性を持つからである。十字は神の被保護者（protégés）の印である。神の属性として、そしてまたそれ自体が象徴として、四要素構成と十字は全体性を意味している。[13]

12 Irenaeus, "Against Heresies," I, 3, 5, *The Ante-Nicene Fathers*, vol.1, p. 320.

13 "The Philosophical Tree," *Alchemical Studies*, CW 13, par. 363. 10〔『哲学の木』老松克博・工藤昌孝訳、創元社、二〇〇九年、p.99〕

11 悲嘆と埋葬

人間の中にある神の像は堕罪によって破壊されたわけではなく、ただ損傷を蒙り堕落せしめられた（「歪められた」）にすぎないのであって、神の恩寵さえあれば再びもとどおりに復元されるのである。統合の規模はキリストの魂の冥界行きである「黄泉降下 *descensus ad inferos*」によって暗示されており、キリストによるこの救済の働きは死者たちにも及んでいる。心理学的にそれに対応するのは、集合的無意識の統合であり、これは個性化の不可欠な構成要素となっている。[1]

1 Jung, *Aion*, CW 9ii, par. 72.〔『アイオーン』野田倬訳、人文書院、一九九〇年、p.58〕

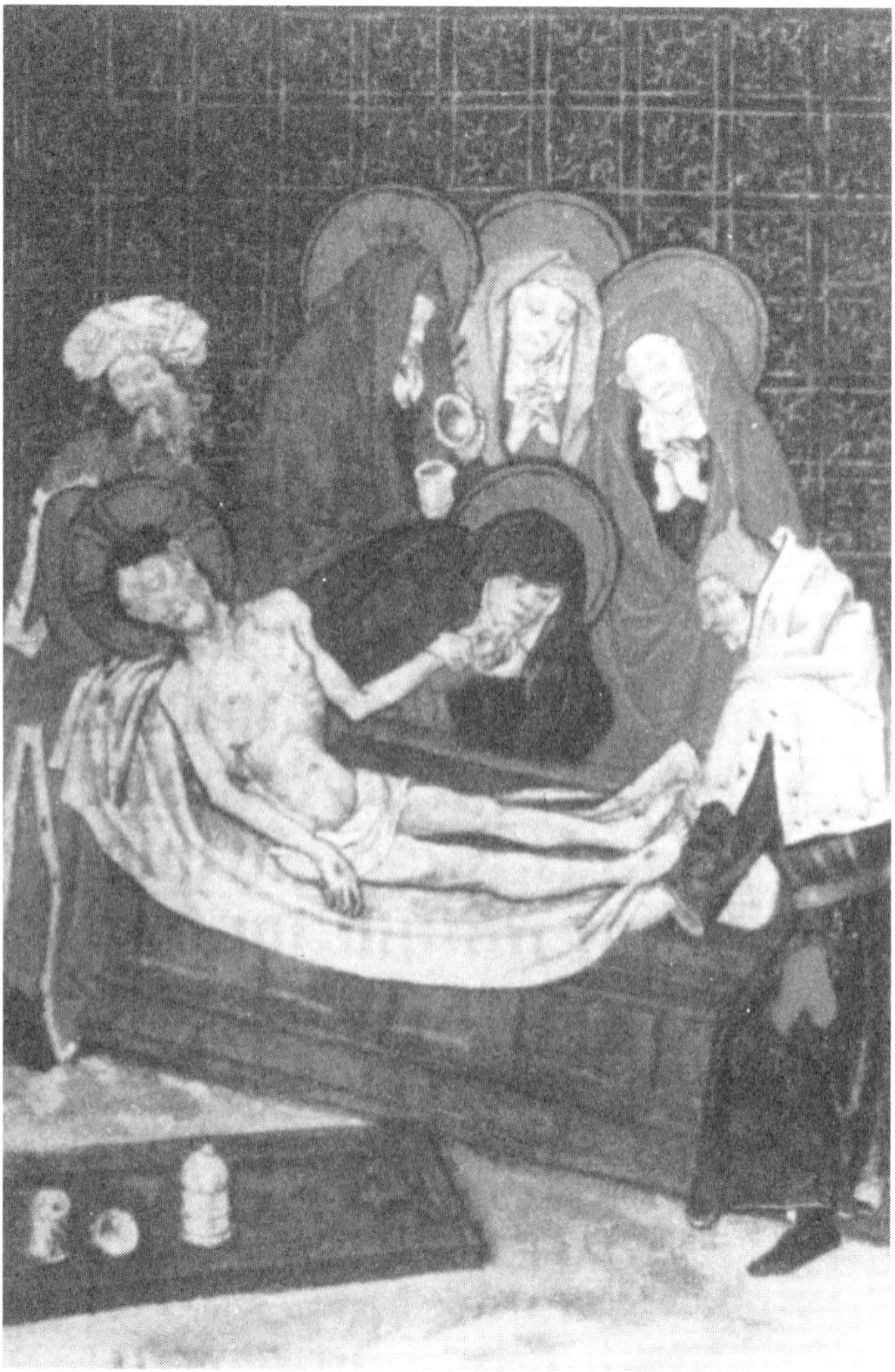

図 24　埋葬（カトリーヌ・ド・クレーヴの時祷書）

ヨセフは死体を受け取って、清潔な亜麻布に包み、岩を掘って造った彼の新しい墓に納め、そして墓の入口に大きい石をころがしておいて、立ち去った。マグダラのマリアともう一人のマリアとが、墓の向こう側に座っていた。（マタイによる福音書27章59‐61）

そのテーマについて福音書は口を閉ざしているが、信仰の芸術表現では、十字架上のキリストの死の後、その死体を嘆き悲しむマリアの悲嘆（ピエタ）が続く。この「悲しむ母*Mater Dolorosa*」のイメージは、神話や古代近東の宗教に数多くの類似物があり、特にイシスのオシリスに対する悲嘆が有名である。おそらく母親の第一子への愛情は、人間の心《サイキ》の最も力強い本能的な愛情なのであろう。そのような強い独占的な愛情の対象を失うことは、欲望の基盤である、原初的な心《サイキ》そのものを脅かすことになる。かくして、亡くなった息子に対するグレートマザーの悲嘆という元型的なイメージは、対象を奪われた自然のリビドーを意味する。これは、錬金術の変容プロセスに欠かすことのできない殺《モルティフィカティオ》の段階に相当する。[2] 亡くなったキリストに対する悲嘆は、現代人に対して特

2　以下を参照。Edinger, *Anatomy of the Psyche*, chap. 6.〔『心の解剖学』岸本寛史・山愛美訳、新曜社、二〇〇四年、pp.177-216〕

図 25　リンボーへの下降（ベリー公ジャンの「美しき時祷書」）

別な含みを持つ。マリアは、永遠のイメージの喪失を悼み、「失われた神の哀歌」を嘆く人間を表している。

外典の説明によれば、聖金曜日と復活祭の日曜の間にキリストは地獄に降り立ち、古代の偉人を救ったという、いわゆる「キリストの黄泉降下」が伝えられている（図25）。

死後キリストが地獄に落ちたというキリスト教の教義は、聖典に明確な根拠があるわけではないが、その概念は初期の教会組織に強く訴え、四世紀に初めて教義の条項となった。下界に行き、死者を地上の世界に連れ戻して来る神や英雄は、古典的な神話ではよく知られており、それが種となり、そこからキリスト教の概念も生まれたのかもしれない。早くも二世紀には、キリストの降下についての記述が多く存在し、そこにはいかにして悪魔を征服し、旧約聖書の聖人たちを解放したかが述べられている。旧約の聖人たちは、キリスト教の聖餐式の恩恵を受けられない時代に生まれ、亡くなったので、キリストが救い出すために来てくれるまで、地下に追放されていたと教えられていた。この物語が初めて連続した物語として語られたのは、外典『ニコデモの福音書』（おそらく五世紀頃）であり、そこには「真鍮の門は粉々に砕かれ、……

3　Jung, *Mysterium Coniunctionis,* CW 14, par. 510.〔『結合の神秘II』池田紘一訳、人文書院、二〇〇〇年、p.138〕

縛られていた死者たちは皆鎖を解かれ、……栄光の王が入られた」とある。悪魔が鉄に縛り付けられると、「救い主はアダムの額に十字を切って祝福し、また長老、預言者、殉教者、先祖たちをも祝福した。そして救い主は彼らを連れて冥界から跳び上がった」。この問題について考察した初期の教父たちは、その正確な場所は地獄ではなく、その境界、つまりリンボー（ラテン語でlimbus、縁）であると結論付けた。そのテーマは中世の劇や文学で大きな人気を博した。ダンテの地獄篇（第四歌）では、リンボーは、第一圏（辺獄）を形成し、そこの住人たちには高潔な異教徒、詩人、哲学者、古代の英雄たちが含まれている。中世の芸術では、キリストの受難のサイクルの場面の一つがテーマとなった。それはルネサンス期を通してずっと描かれていたが、十六世紀以降はほとんど見られなくなった。[4]

この象徴的なイメージは、オデュッセウス、オルフェウス、アルケースティス、ヘラクレスの神話に古典的な類似物があり、深層心理学にはとても重要な意味がある。それは自我が無意識へ慎重に下降すること、「冥界下り *nekyia*」を表している。自我の光明は、地上の世界では一時的に消され、地下の世界へと運ばれ、価値ある無意識の内容物を救い、死そのものさえ克服する。後者はおそらく、「冥界下り」が自我を「永遠のものにする」、つまりそれを永遠のものと繋ぐ、という考えを暗示するものである。[5]

「死者の世界」は無意識、特に集合的な無意識を表している。ユングは集合的な無意識と向き合いながら、「死者」を訪ね、地上に連れ帰るという夢やヴィジョンを持った。[6] それらの経験について、ユングは次のように述べている。

それ以降、死者は、答えられていないもの、解決されていないもの、救われていないものの声としてより一層明確になってきた。……これらの死者との語らいは、私が無意識について世界に伝えなければならないことの一種の前奏であった。……その時から私は自分を自分自身だけのものだと思うのをやめ、そう思う権利があると考えるのもやめた。それ以降、私の生は一般のものになった。(『ユング自伝』273-274)[7]

4　James Hall, *Dictionary of Subjects and Symbols in Art*, p. 100.
5　「人間にとって決定的な問いは、自分が無限のものに関係しているかどうかということである」。(Jung, *Memories, Dreams, Reflections*, p. 325.〔『ユング自伝2』河合隼雄・藤縄昭・出井淑子訳、みすず書房、一九七三年、p.171〕)
6　ユングの「死者への七つの語らい」についての議論を参照されたい。*Memories, Dreams, Reflections*, pp. 191f.〔『ユング自伝1』河合隼雄・藤縄昭・出井淑子訳、みすず書房、一九七二年、pp.273-4〕。また、appendix 5, pp. 378ff（英語版はペーパーバック版のみ）〔『ユング自伝2』pp.243-61〕と英語版 pp.172-3〔『ユング自伝1』pp.246-7〕でユングが報告している夢も参照
7　Ibid., pp.191f.〔『ユング自伝1』pp.273-4〕

「一般」のものであるということは、「無限のもの」とつながることに対応する。自我が相対化されるのである。それは世間のものさしを超えた権威を認めることであり、「永遠の姿の下に *sub specie aeternitatis*」自らを体験することである。

12　復活と昇天

私が知っているのは、現在は神が死に消滅した時代だということに過ぎないが、ここで述べていることは数え切れないほどの人々が知っていることである。神はその肉体が横たえられたところで見つけることはできない、と神話は述べている。「肉体」とは、外見上の目に見える形を意味し、至高の価値の舞台であったが、それも過去のこと、束の間のことであった。さらに神話が述べるところによれば、その価値は再び奇跡的なやり方で高められ変容したとされている。奇跡のように見えるのは、価値が消えるとき、それはいつも取り返しがつかないほど失われているように見えるからである。それゆえ、それが戻ってくるとはまったく思いもよらないことである。死後三日間に起こる、地獄への下降は、消えてしまった価値が無意識の中へ沈むことを表している。そこで、暗黒の力に打ち克って新たな秩序を築き、再び天に昇るが、それは至高の明瞭な意識を獲得することである。復活したものを見る人はほとんどいないということは、変容した価値を見つけ、それを認めるにはかなりの困難があるということを意味している。[1]

1　Jung, "Psychology and Religion," *Psychology and Religion*, CW 11, par. 149.〔『心理学と宗教』村本詔司訳、人文書院、一九八九年、p.471〕

図 26　復活（カトリーヌ・ド・クレーヴの時祷書）

復活

週の初めの日、夜明け前に、女たちは用意しておいた香料を携えて、墓に行った。ところが、石が墓からころがしてあるので、中に入ってみると、主イエスの体が見当たらなかった。そのため途方に暮れていると、見よ、輝いた衣を着た二人の者が、前に現れた。女たちは驚き恐れて、顔を地に伏せていると、この二人の者が言った、「あなたがたは、なぜ生きた方を死人の中に探しているのか。その方は、ここにはおられない。蘇られたのだ。（ルカ記24章1-6）

空になった墓を見つけた後、蘇ったキリストに出会ったという幾つかの話がある。マグダラのマリアが一番初めにキリストを見たが、庭師と間違えた。（ヨハネによる福音書20章11-17）キリストは、ガリラヤ山の十一人の弟子たちのところに姿を現した、「しかし、疑うものもいた」。（マタイによる福音書28章16、17）二人の弟子が、エマオへの道の途中で（キリストを）見たが、「しかし、彼らの目がさえぎられて、イエスを認めることが出来なかった」（ルカによる福音書24章13-16）。再び、キリストはルカ24章36fで十一人のところに現れ、「しかし彼らは、恐れ驚いて、霊を見ているのだと思った」。そして最後に、テベリアの海で釣りをしている弟子のところへ現れた。「イエスが岸に立っておられた。しかし弟子たちはそれがイエスだとは知らなかった」（ヨハネによる福音書21章4）。
親密だった周りの者たちでさえも、初めは蘇ったキリストがそうだとは判からなかったという事実は、「変容した価値を見つけ、それを認めるにはかなりの困難があるということを意味している」[2]。それらの困難は、キリストから聖霊への移行に関するものであり、それは具体的で外的な価値への傾倒から、内的で自律的な心《サイキ》への傾倒という移行である。

キリストの復活は、八つ裂きにされた[3]オシリスの肉体がイシスによって復活したことと並行している。これは、聖別すること、死者を「不死の肉体」に変容させるエジプトの死体防腐処理のプロセスを行うことで達成された。このプロセスには四十日かかる（創世記・50章3）。「〝四十（日）〟は、［錬金術の］オプスの準備期間」[4]であり、キリストが復活して昇天するまでの期間に対応する。キリストとオシリスの死と再生は、個性化のプロセスにおける一連の死と再生に対応している。殺《モルティフィカティオ》（黒化《ニグレド》）に続いて、生まれ変わった太陽（赤化《ルベド》）の夜明けが来る。この元型的な出来事は、毎年の冬と春の草木の死と再生に、永遠に再現されている。黒きものから緑が生じる。ユングは以下のように書いている。

> 変容が完了しておらず待ち望まれているだけの状態は、苦しみであるだけではなく、隠されてはいるものの、喜ばしい幸福であるように見える。それは、心の変容という迷路の中の遍歴

の途上で、ある隠れた幸福を見出した人間の状態である。この人間は、見たところ孤独ではあるが、隠された幸福のために、孤独と折り合いを付けることができる。自分自身との交流において、この人間が出会ったのは、極度の退屈と憂鬱ではなく心の中のパートナーなのである。いやそれ以上のもの、秘められた恋の幸福にも似た一つの関係に出会ったのである。あるいは、その関係は不毛の大地から緑の種子が芽吹き、未来の収穫を約束しているかのようである。それは、錬金術の「祝福された緑 *benedicta viriditas*」であって、一方では「金属の癩」(緑青)、他方では、万物にひそかに宿る神的な、生命の霊《スピリット》を意味している。[5]

注目すべきコリントの信徒への手紙一第15章で、パウロは復活元型の叙述を行っている。

2 Ibid.

3 共時的な出来事を記しておく。一九八一年六月三日、この原稿の草稿で、この言葉を書いている最中に、電話がかかってきて私は筆を止めたのだが、それは息子のロナルドが亡くなったことを知らせる電話だった。ロナルドはこの元型を生き抜くことを運命づけられた青年だった。

4 Jung, *Mysterium Coniunctionis*, CW 14, par. 77, note 215.〔『結合の神秘I』池田紘一訳、人文書院、一九九五年、p.382、原注205〕

5 Ibid., par. 623〔『結合の神秘II』池田紘一訳、人文書院、二〇〇〇年、p.218〕ユングはまた、「緑は聖霊の色である」と記している(Ibid., par. 395〔『結合の神秘II』p.47〕)。

ある人は問うかもしれない。「どのようにして死者は蘇るのか、そしてどのような体をして戻ってくるのか?」と。愚かな問いだ。あなたが大地に播くものは死ななければ生かされないではないか。また、あなたの播くものは、やがて成るべき体を播くのではない。麦であっても、他のそのようなものであっても、あなたの播くのはただの豆粒にすぎない。神は御心のままに、これに体を与え、その一つ一つの種にそれぞれの体をお与えになる。すべての肉が同じ肉なのではない。人の肉があり、獣の肉があり、魚の肉がある。天に属する体もあれば、地に属する体もある。天に属するものはそれ自身の美点を持ち、地に属するものの美点とは違っている。太陽には太陽の輝きが、月には月の、星には星の輝きがある。死者の復活も同じである。朽ちるもので播かれ、朽ちないもので蘇り、卑しいもので播かれ、栄光あるものに蘇り、弱いもので播かれ、強いものに蘇り、魂《ソウル》の体で播かれ、霊《スピリット》の体で蘇るのである。

　魂の体があるのならば、霊の体もあるわけである。聖書に、最初の人間アダムは、生きた魂になったとあるが、最後のアダムは命を与える霊となった。つまり、最初にあったのは、霊のものではなく魂のものであって、その次に霊のものが来るのである。第一の人は地から出て土に属し、第二の人は天から来る。この土に属する人に、土に属している私たちは等しく、この天に属する人に、天に属している私たちは等しいのである。すなわち、私たちは、土に属している形を取っているのと同様に、また天に属している形をとるであろう。

さもないと、兄弟たちよ。私はこのことを言っておく。肉と血とは神の国を継ぐことは出来ないし、朽ちるものは朽ちないものを継ぐことは出来ない。ここであなた方に奥義を告げよう。私たちすべては死ぬのではなく、変えられるのだ。最後のラッパが響く、瞬く間に一瞬にして変えられる。ラッパが響いて、死人は朽ちないものに蘇らされ、私たちは変えられるのである。なぜなら、朽ちるものは必ず朽ちないものを着、死ぬものは必ず死なないものを着ることになるからである。（35節－53節、エルサレム聖書）

ユングは現代の言葉で同じ考えを述べている。

完全に失敗したのは、十字架にかけられたときの「神よ、神よ、何故あなたは私をお見捨てになったのですか」という悲劇的な言葉だった。この言葉の悲劇を十分に理解したいのであれば、その言葉がどのような意味を持つかを知らねばならない。つまり、キリストは、自らの罪の自覚に従って真実にささげた全人生は恐るべき幻だったということを知ったのだ。絶対的に誠実に生きてきたし、正直であろうとしてきたが、それにもかかわらずそれは償いであった。十字架の上で、彼に仕えたものたちは、彼を見捨てた。しかしながら、彼は、それだけ完全に、献身的に生きたからこそ、復活の体を勝ち取ったのである。[6]

ユングの言う「復活の体」は、パウロの「天の体」(コリントの信徒への手紙 一 15章40)に対応している。それらが指していることは、我々の意識の理解を超えている。私自身の仮説では、彼らは個性化の究極の目標である、自我の元型への変容のことを言っているのではないかと思う。[7]

キリストの死と復活は、個人的な心のみならず、集合的な心にも生きている元型である。歴史においても、集合的な神のイメージが、死と再生を被る時期がある。今がそのような時代だ。二十世紀は歴史における聖なる土曜日なのである。

ニーチェが「神は死んだ」と言った時、彼は真実を述べたのであり、それはヨーロッパの大部分に当てはまる。人々が影響されたのは、彼がそう言ったからではなく、広く浸透していた心理学的な事実を述べたからである。その結果はまもなく明らかになった。つまり何々主義という霧の後に、大惨事が訪れたのである。[8]

我々は、ギリシア人がカイロスと呼んだ時を、つまり、「神々が変容」する時、根本的な原理や象徴が変容するまさにその時を生きている。我々の時代のこの特異性は、我々の中にいる無意識な人間が変化しつつあることの表れである。[9]

昇天

復活は、実際には、復活、昇天、下降（五旬節）という一連の三つの出来事の最初の出来事を示す言葉である。昇天は使徒行伝1章8‐11で述べられている。イエスは彼の弟子たちに言われる。

「聖霊があなた方にくだる時、あなた方は力を受けて、エルサレム、ユダヤとサマリヤの全土、さらに地の果てまで、私の証人となるであろう」。こう言い終わると、イエスは彼らの見ている前で天に上げられ、雲に迎えられて、その姿が見えなくなった。イエスが上っていかれるとき、彼らが天を見つめていると、見よ、白い衣を着た二人の人が、彼らの傍に立っていて言った。「ガリラヤの人たちよ、なぜ天を仰いで立っているのか。あなたがたを離れて天に上

---

6 C.G. *Jung Speaking*, pp. 97f. 傍点は引用者〔Edinger〕による。
7 以下を参照。Edinger, *The Creation of Consciousness*, pp. 23ff.
8 Jung, "Psychology and Religion," *Psychology and Religion*, CW 11, par. 145.〔『心理学と宗教』p.469〕
9 Jung, "The Undiscovered Self," *Civilization in Transition*, CW 10, par. 585.

げられたイエスは、天に上っていかれるのをあなたがたが見たのと同じように、またおいでになるであろう」。（図27）

最後の言葉は、通常は再臨[10]のことを言及していると理解されているが、同じように、五旬節の聖霊Holy Ghostの到来のことを言及しているとも言える。特に、この箇所の冒頭でキリストが聖霊の再来について語っているのでそう思われる。キリストは、神人であり、それゆえパラドックスの担い手である。神だと考えるならば、彼は天で生まれ、受肉され地上に降り、昇天で天に戻られたことになる。しかしながら、人間だと考えるならば、地上に生まれ、天に上り、聖霊Holy Ghost（あるいは聖霊《パラクレテ》）として地上に戻られたことになる。昇天の後に降下が続くという後者の順序は錬金術の象徴体系とも符合する。ヘルメスのエメラルド板は、哲学者の石を作るための作業手順を示しているが、次のような言葉がある。「地から天に昇り、再び地に戻り、上なるものと下なるものの力を身に受ける」[11]。この一節のコメントとしてユングは次のように書いている。

10　キリストの二度目の来臨。
11　以下を参照。Edinger, *Anatomy of the Psyche*, pp. 142 and 231.〔『心の解剖学』岸本寛史・山愛美訳、新曜社、二〇〇四年、pp.169-9, 269〕

図 27　昇天（レンブラントの絵）

［錬金術師にとっては］……天への一方通行の問題ではなく、キリスト教の贖い主が上から下にやって来て、そこから上へ戻るのとは対照的に、「大宇宙の息子*filius macrocosmi*」は下から始まって高みに上り、上の力と下の力を自分の中で統合して、再び地上に戻って来る。彼は反対の動きをし、それによってキリストやグノーシスの贖い主のそれとは逆の性質を示す。[12]

贖い主は地上で生まれるのかそれとも天で生まれるのかという問いは、個性化は自我から生まれるのかそれとも自己から生まれるのかという、心理学的な問いを示唆している。このことで、我々は、自我と自己のパラドックスに直面することになる。

自己は、無意識がそうであるように、アプリオリな存在であり、そこから自我が進化してくる。それはいわば自我の無意識的な潜在形象prefigurationなのである。私が私自身を創り出すのではなく、私という出来事が私自身に生じるのである。……［しかしながら］心理学が考慮に入れておかなければならない事実とは、人間がどれほど因果論的に拘束されていても、人間は自由であるという気持ちを享受しており、それは、意識の自律性と同じものである。……自我意識の存在は、自由であり自律的であってこそ意味があるのだ。このように言うことで、実際には二律背反を生むことになるが、同時にあるがままの物事の姿も捉えることになる。……現実には両者がつねに存在している。すなわち自己の優越性と、意識の傲慢さが同時に存在しているのである。[13]

12 "The Spirit Mercurius," *Alchemical Studies*, CW 13, par. 280.

13 Jung, "Transformation Symbolism in the Mass," *Psychology and Religion*, CW 11, par. 391.〔『心理学と宗教』p.241〕*The Mysteries Papers from the Eranos Yearbooks*〔『神秘―エラノス年鑑論文集』〕における同じタイトルのエッセイには次のような文章が加えられている。「自我意識が自分自身の道だけを突き進もうとするのであれば、それは神や超人のようになろうとしていることになる。しかし、自分の依存性だけを一方的に認識することは、子どもじみた宿命論や、世界を否定する人間嫌いの精神的傲慢さにつながるだけである」(p. 324)。

13　五旬節

オリゲネス〔アレキサンドリア生まれの神学者でギリシア教父〕は、三位〔父と子と聖霊〕について、父が最も大きく、聖霊が最も小さいと述べた。父は、宇宙的な広がりから降りてきて、人間の魂という狭い範囲の中に受肉して最も小さい者になるのだから、このことは真実である。……聖霊の「小ささ」は、神のプネウマが小さい炎の形に溶解し、それでもなお損なわれず完全なままであるという事実に由来している。聖霊が何人かの個々の人間に宿り、それらが「神の息子 *huioi tou theou*」[1]に変容するということは、「キリスト中心主義」を超える非常に重要な一歩を意味している。息子の段階では、善悪の問いへの答えはない。そこにあるのは、対立物の救いがたい分離だけである。……人間の魂の独自の成長を通して、人間個人の中の対立物を和解させ再統合させることが、聖霊の仕事であり責務であるように思える。[2]

1　Sons of God.
2　Jung, "Letter to Père Lachat," *The Symbolic Life*, CW 18, pars. 1552f.

図 28　五旬節（ベリー公ジャンの「美しき時祷書」）

五旬節の日が来て、彼らは皆、一つになって一つの場所に集まっていた。すると、突然天から強風のような音が聞こえてきて、一同が座っていた家中に響き渡った。また炎のような舌が別々に現れ、一人一人の上にとどまった。すると一同は聖霊に充たされ、聖霊が彼らに与えた言葉のとおりに、さまざまな言葉で語り出した。さて、エルサレムには、天下のあらゆる国々から帰ってきた、信心深いユダヤ人たちが住んでいたが、この音が生じたので大勢の人が集まってきて、それぞれがそれぞれの言葉で話すのを聞いて困惑した。彼らは皆、驚き、不思議に思い、互いに言った、「見よ、今話しているこの人たちは、皆ガリラヤ人ではないか。それなのに、どうして、自分自身の言葉で話すのだろう。パルティア人、メデス人、エラム人もおれば、メソポタミア、ユダヤ、カッパドキア、ポントス、アジア、フリギアとパンフィリア、エジプトとキレネ側のリビア地方などに住む者もいるし、またローマ人のよそ者、ユダヤ人と改宗者、クレタ人とアラビア人もいるのだが、あの人々が、神の素晴らしい御業を自分の言葉で話すのを聞くとは、どうしたことか」。皆の者は驚き、疑い、互いに言い合った、「これは、いったい、どういうわけなのだろう」。しかし「あの人たちは新しい酒で酔っているのだ」と言って嘲笑う者もいた。（使徒行伝2章1-13）

五旬節で受肉のサイクルは一巡する。受肉は受胎告知における聖霊の降下で始まった。キリストの人生を構成する出来事のサイクルを経た後、聖霊は昇天し、元の場所へと戻った。そして再び降下し、次の頁の図に示されるような新しいサイクルが始まる。

キリストの人生において、聖霊はキリストの中に現れた。キリストは聖霊によって受胎され、洗礼式では聖霊に油を注がれた。昇天の時には、聖霊を一緒に連れて行ったが、それはいわば超越的な要素を地上から奪ってしまったのである。しかしながら、自分が去った後に聖霊が戻って来るだろうと予言した。

私が去って行くことは、あなたがたの益になるのだ。
私が去って行かなければ
あなたがたのところに支援者［聖霊《パラクレテ》］は来ないであろう。
もし私が行けば、
支援者［聖霊《パラクレテ》］をあなたがたに送るだろう。（ヨハネの福音書16章7、エルサレム聖書）

私は父にお願いしよう。そうすれば父は別に助け主を送って、いつまでもあなたがたと共にいて下さるであろう。それは真理の霊である。この世はそれを見ようともせず、知ろうともしないので、それを受けることができない。あなた方はそれを知っている。なぜなら、それはあなたがたと共にいて、またあなたがたの内にいるからである。私はあなた方を捨てて孤児とはしない。あなた方のところに帰って来る。しばらくすると、世はもはや私を見なくなるだろう。しかし、あなた方は私を見る。私は生きており、あなた方も生きているからである。その日には、私は私の父におり、あなた方は私におり、私があなた方にいることが、わかるであろう。

（ヨハネの福音書14章16‐20、エルサレム聖書）

聖霊の特別な具体的な現れとしてのキリストは、弟子たちが聖霊との個別的な関係を発展させるためには、死ぬ必要があった。つまり、投影は引き戻されねばならない。これは「キリスト中心主義を超えるとても重要な一歩」[3]である。この一歩はキリストの死に際しては生じなかった。個人は聖霊の器とはならなかった。その代わり、集合的な器としての教会が聖霊の器として現れた。

五旬節は教会の誕生日と考えられる。ローマ教皇レオによれば、

3　Ibid., par. 1553.

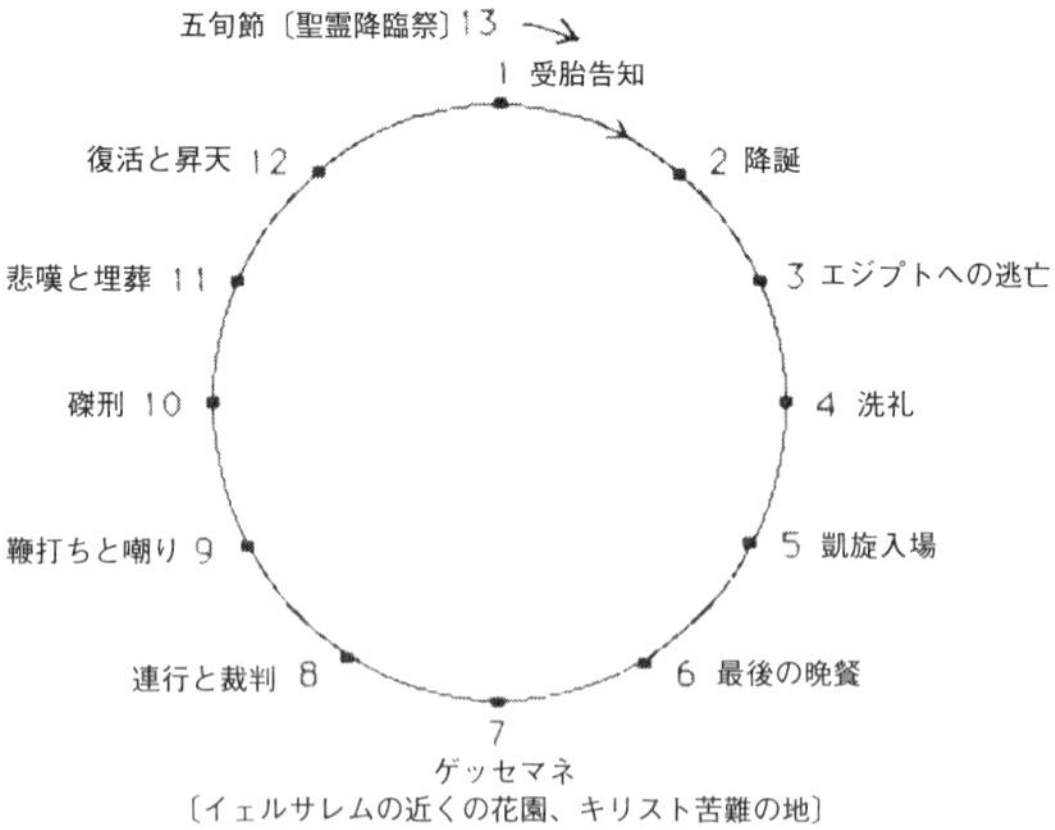

受肉サイクル

第二のアダム〔キリスト〕が、いわば十字架の上で眠っている間に、その側から、すでに懐妊されていた教会が送られてきて、五旬節という偉大な日に、驚くべき方法で初めて人々の眼前にその姿を現した。[4]

　五旬節の伝統的な表現では、聖母マリアが中心的な存在となっているが、これは聖典に基づかないものであり、教会の象徴であると考えられている。信者の共同体が発達すると、ヌミノースとの私的な出会いの猛攻撃から個人を保護するのに役立つ。こうして教会は、いかなる新しい啓示も、個人的な啓示も期待せず、あえて是認しようともしなかった。その教えによれば、

　教会に対する聖霊の使命は、変わらぬ啓示の安全な保護を保障することである。……〔というのも〕十二使徒の死後新しい経済や新しい啓示は期待され

てはおらず、さらに、啓示された真実が客観的に増えることは、これまで決してなかったし、これからもないからである。[5]

「キリストの体」としての教会は、五旬節に受胎告知を受け、懐妊した。その後、教会は受肉のサイクルを構成する一連の出来事を繰り返し、自らの死と昇天を迎える運命にある。この見通しは、神学者たちの間でも知られていないわけではないが、「最後の審判の日」に投影されている。カトリックの神学者、フーゴー・ラーナーは、ユングに次のように説明した。

神学の基本的な考えは、つねに次のようなものである。キリストの体としての教会の地上での運命は、キリスト自身の地上での運命をモデルとしている。……すなわち、教会は、その歴史的な経過の中で、死に向かって進んでいるのである。最後の日に、現世での使命をやり終え、ついに教会が「不要に」なって「死ぬ」まで。それは、詩篇71章7の「月の失われる時まで」という言葉に暗示されていると人々は考えた。これらの考えは、教会の象徴としてのルナとい

4　以下に引用されている。George D. Smith, ed., *The Teaching of the Catholic Church*, vol. 1, p. 159.
5　Ibid.

う形で表現された。キリストの空無化《ケノシス》は死において成就する。……ちょうどこれと同じことが、並行して起こる教会―月の空無化《ケノシス》についてもいえる。[6]

教会の死が「最後の日」まで延期されうるのであれば、ユングが言うように、

特に大胆でない者は、聖霊が我々に関わりすぎないことで神に感謝するであろう。人は、神とその聖霊から私たちを守る要塞としての役割を果たす教会の影の下で、はるかに安全であると感じる。カトリック教会が、その儀式で定期的に支援してくれる聖霊を「所有している」と保証してくれれば、非常に慰めになる。そうすれば、人は自分がしっかりと鎖に繋がれていることを知る。[7]

しかしながら、もしも教会が「最後の日」よりも前にその受肉のサイクルを完了する運命にあるとすれば、そのサイクルは再び一周し、今度は個人が聖霊の器として扱われることになるだろう。ここで、ユングの継続的な受肉という考えに辿り着く。

聖霊が、神の御子として召された人々に継続して直接働きかけるということは、実際受肉の

過程が拡大していることを示している。神が儲けた息子キリストは初子であり、そのあとに、多数の弟や妹が続いて生まれるのである。しかしながら、この弟妹たちは聖霊から生を受けたのでもなければ、処女から生まれたのでもない。……彼らの卑しい生まれ（おそらく哺乳動物から生まれたこと）は、神を父とし、キリストを兄弟とする近親関係を結ぶことを妨げるものではない。[8]

［そこには］……継続的で漸進的な神の受肉がある。こうして人間は神聖なドラマの中に受け入れられ、統合される。彼はその中で決定的な役割を果たすよう運命付けられているように見える。それゆえ彼は聖霊を受けねばならない。私は、聖霊を受けることは非常に革命的な出来事であると考えており、父のアンビバレントな性質が認められるまではそれは生じ得ないと思っている。もし神が、「最高の善 *summum bonum*」であるならば、受肉には意味がない。なぜなら、鎮めるために一人息子を犠牲にせねばならないような憎悪や怒りを、善き神が生み出す

6　Jung, *Mysterium Coniunctionis*, CW 14, par. 28, note 194.〔『結合の神秘Ⅰ』池田紘一訳、人文書院、一九九五年、pp.351-3、原注 182〕
7　“Letter to Père Lachat,” *The Symbolic Life*, CW 18, par. 1534.
8　“Answer to Job,” *Psychology and Religion*, CW 11, par. 658.〔『ヨブへの答え』林道義訳、みすず書房、一九八八年、p.82〕

ということはありえないからである。ミドラシュ〔古代ユダヤの聖書注解書〕は、キリストの贖罪の日には、YHWHにアブラハムへの不法な行為（イサクを殺害するよう強いたこと）を思い出させ、それを繰り返させぬように、今でもショファル〔雄羊の角で作ったユダヤの軍ラッパ〕が吹かれると述べている。神の考えの良心的な明瞭さは、必要なことであると同時に腹立たしい結果をもたらすこととなる。それらは、三位一体のドラマと聖霊の役割を内面的に発達させるためには不可欠なものである。聖霊は人間の中に受肉するか、あるいは束の間の住処として選ぶように運命付けられている。「誰も固有の名を持たぬNon habet nomen proprium」と聖トマスは言う。なぜなら彼は、人間の名を受けるからである。それゆえ彼はキリストと同一視されてはならないのである。キリストが自らの個人的な生を受け入れたように、我々も受け入れない限り、聖霊を受けることは出来ない。このようにして我々は、十字架に代表される、神聖な対立物の葛藤を体験する運命にある「神の息子」となるのである。[9]

9　"Letter to Père Lachat," *The Symbolic Life*, CW 18, par. 1551.

14　聖母被昇天とマリアの戴冠

> 聖母被昇天が教義化されたことは、プレロマの中の聖婚《ヒエロスガモス》を示している。そして、今度はこれが……神の子が将来生まれてくることを暗示するが、神の受肉への傾向にしたがって、現実の人間をその誕生の場として選ぶだろう。その天上の過程は、無意識の心理学には個性化の過程として知られているものである。[1]

マリアの被昇天は受肉サイクルの外にあり、そのためにおそらく、聖典に根拠はない。それは伝説の産物、自然に生じた集合的な信仰の産物である。

何世紀もの間、教会の祝祭として執り行われてきた聖母被昇天は、一九五〇年にピウスⅦ世

1　Jung, "Answer to Job," *Psychology and Religion*, CW 11, par. 755.〔『ヨブへの答え』林道義訳、みすず書房、一九八八年、p.152〕

図 29　聖母の戴冠（ベリー公ジャンの「美しき時祷書」）

によって、信条の条項として宣言された。その信仰には聖典の根拠はなく、三、四世紀の外典の文献とカトリック教会の伝統に基づくものである。それは、処女マリアの死という物語の続きを形作っている。十三世紀は、処女マリア崇拝が盛んだった時期で、人気を博した芸術家のための資料集、『黄金伝説』〔イタリアのドミニコ会士ヤコブス・デ・ウォラギネが編んだラテン語の聖人伝の英語版〕が出版され、その中で外典の話が再び語られていた。三日目、処女マリアの墓の側に使徒が座っていると、キリストが聖ミカエルとともに姿を現し、処女マリアの魂を持ってきた。「そしてほどなく魂が再びマリアの体に戻り、神々しく墓から出てきて、こうして天の部屋に迎え入れられ、そして大勢の天使も一緒にいた」。聖母被昇天は十三世紀に初めて広く描かれた。特に、教会の入口のゴシック彫刻は、処女マリアに捧げられ、宗教美術の重要な信仰のテーマとなった。[2]

戴冠の最も一般的な形は、キリストの横に処女マリアが座り、キリストがマリアの頭に冠を載せているというものである。マリアが、キリストの前に跪いている場合もある。あるいは、父なる神に冠を載せられているものもある。[3]〔図29〕

---

2 James Hall, *Dictionary of Subjects and Symbols in Art*, p. 34.
3 Ibid., p. 76.

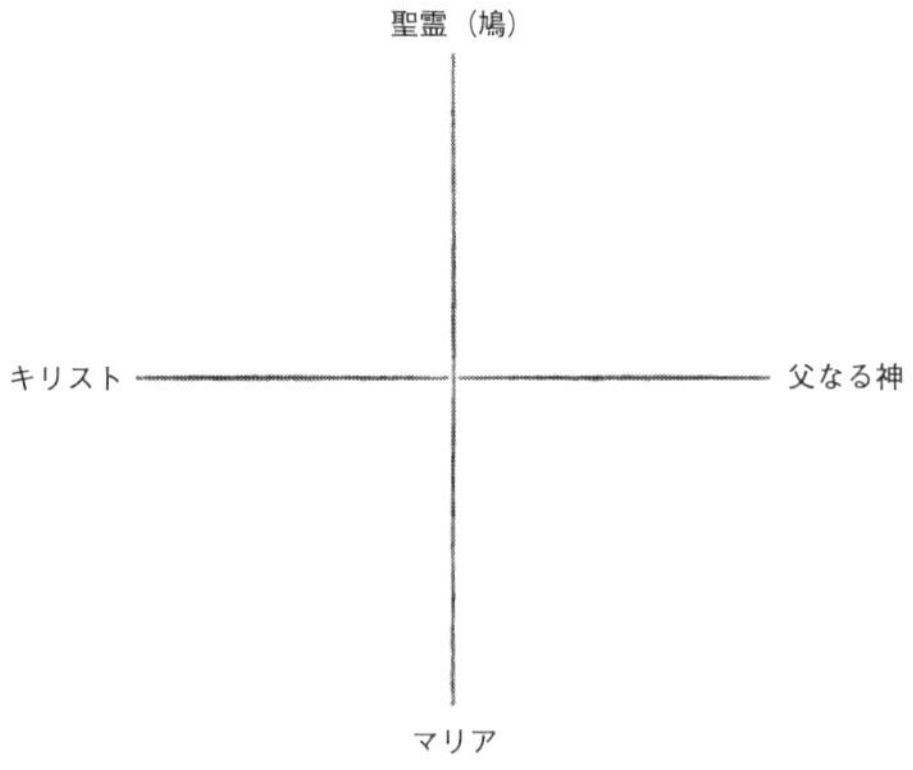

我々の論旨で言えば、マリアの被昇天は、受肉のサイクルの成果を全体として表現する包括的で要約的なイメージ、つまり結合《コニウンクティオ》と見なすことができる。ユングが結合の元型[4]について経験的に発見したことを発表したのと同じ一九五〇年代に、教皇はマリアの被昇天の教義を宣言した（一九五〇年）—ユングはその出来事を宗教改革以来の最も重要な宗教的出来事であると考えた。[5] この歴史的な共時性の注目すべき一例は、結合が現代人にとって重要な象徴であることを強調するものである。

婚礼の寝室での婚礼の交わりは、聖婚《ヒエロスガモス》を意味しており、これは受肉に向かっての第一歩であり、救い主の誕生に向かっての第一歩である。古代より、救い主は、「太陽と月の息子 *filius solis et lunae*」、「賢明なる息子 *filius sapientiae*」、キリストと同等のものと考えられた。それゆえ、神の母を天に上げることへの熱望が人々の間に浸透していたとすると、この傾向は、もしその結末を論理的に考えるならば、救い主、調停者、「敵の間を平和にする仲介者」[6]が生まれてほしいという願望を意味する。救い主はすでにプレロマの中に生まれているが、時間の中で誕生が可能となるのは、人間がそれに気づき、認め、宣言するときだけである。[7]

別のところでユングは、マリアの被昇天はキリスト教の三位一体の教義を四位一体へと変えるものであり、「これによって、中世の四位一体の描写が教義の上に成就されることになったが、それは前頁の図式によって構成されている」と指摘している。[8]

マリアの被昇天は錬金術の象徴体系でよく知られており、現代人の精神にとってこのイメージが

4 "The Psychology of the Transference" (1946), *The Practice of Psychotherapy*, CW 16〔『転移の心理学』林道義訳、みすず書房、一九九四年〕と *Mysterium Coniunctionis* (1955), CW 14〔『結合の神秘I、II』池田紘一訳、人文書院、一九九五／二〇〇〇年〕で論じられている。

5 "Answer to Job," *Psychology and Religion*, CW 11, par. 752.〔『ヨブへの答え』pp.147-8〕

6 Mediator making peace between enemies.

7 Jung, "Answer to Job," *Psychology and Religion*, CW 11, par. 748.〔『ヨブへの答え』p.145〕

8 *Mysterium Coniunctionis*, CW 14, par. 237.〔『結合の神秘I』p.237〕

図 30　聖母の戴冠とメルクリウスの抽出（錬金術の線画）

重要であることを先取りしていた。その象徴体系は、ロイスナーの『パンドラ』の絵の中に凝縮された形で表現されている（図30）。

絵には「聖なる三位一体の鏡像」というタイトルがつけられている。それはマリアの戴冠を描いており、聖なる三位一体と共に重要な位置を占めている。この天上での出来事が、地上の、第一質料《プリマ・マテリア》からのメルクリウスの霊の抽出を描いた奇妙なイメージに映し出されている。四隅は、四人の福音伝道者で占められ、彼らはキリスト教の四要素を構成する典型的な人物である。

絵の下の部分には、塊があって、そこから怪物のような生き物が冠をかぶった光輪を戴く人物によって引き上げられている。その怪物は光輪を戴く人間の頭、人間の足を持ち、手は蛇で、魚の体には羽が生えている。この絵についてユングは、

肉体を奪うことは、昔から歴史的かつ物質的な出来事として強調されてきた。それゆえ錬金術師たちも、彼らのオプスにおける物質の栄光を表現するために聖母被昇天の描写を用いたのである。ロイスナーの『パンドラ』におけるこのプロセスの絵には、聖母戴冠の光景の下の、マタイとルカの象徴の間に、紋章付の盾のようなものが描き添えられていて、そこに第一質料からのメルクリウスの抽出の様子が描かれている。抽出された霊は異形の姿をとっている。その頭は光輪を戴いていて、伝統的なキリストの頭部を思わせる。その両腕は蛇で、体の下半分

は様式化された魚の尻尾に似ている。これは疑いもなく、物質の束縛から解き放たれた「世界の魂 *anima mundi*」ないしは、「大宇宙の息子 *filius macrocosmi*」、すなわちその二重性のおかげで霊的かつ物質的であるばかりでなく、道徳的に最高かつ最低のものを一つに結びつけてもいるメルクリウス・アントロポスだということになる。『パンドラ』の絵は、錬金術師たちがぼんやりとではあるが聖母被昇天のうちに隠されていると感じた偉大なる秘密を暗示しているのである。月下界の物質の周知の暗黒性は昔から「この世の支配者」、すなわち悪魔に結びつけられている。悪魔は三位一体からは締め出された形而上学的な像であるが、キリストの対になるものとして、救済のドラマの不可欠の条件をなしている。錬金術においてそれに相当するのは、二重のメルクリウスの暗い側面であり、……能動的な硫黄である。またそれは、「不滅のラピス *lapis aethereus*」の前段階の地下的な姿である、有毒な龍のなかにも隠されている。[9]

天上では、三位一体は、物質原理を表すマリアが加わることで四位一体に変わりつつある。地上では、粗悪な物質が、その中に隠れている自律的な霊が抽出される（意識がもたらされる）ことで変化している。大地と自我の性質 egohood は、天上に場所を得、同時に物質は霊的な次元を見出したのである。

抽出の過程は粗悪な物質の塊から始まる。これは受肉された存在の問題のある現実すべてを意味するものとして理解しうる。

やみくもな運命の矢弾、／……心の痛みにも、肉体が受け継ぐ／無数の苦しみ……／……世間が鞭打つあざけり、／権力者の迫害や尊大なものの傲慢無礼／報われない恋の苦しみ、裁判の遅れ／威張り散らす役人、優れた人物が耐え忍ぶ／くずどもの蔑み、／……苦労ばかりの人生の重荷を歯を食いしばり汗水たらして……（ハムレット第3劇[10]）

異様な生き物が、冠を被った光輪を戴いた男によって、塊から引っ張り出される。この男は「キリスト化された」自我と考えられ、それはつまり自己の庇護の下で活動する自我である。天上では物質原理に栄光が与えられた。地上では、その栄光を実現するために、自我を個別化することで、つまり継続的な受肉の過程を担う自我を個別化することで、具体的で個人的な存在の救済と変容が生じている。

「物質の束縛から解き放たれた「宇宙の魂」」が怪物であるというのは衝撃的である。このことは、

9　Ibid., par. 238.〔『結合の神秘Ⅰ』pp.239-40〕
10　William Shakespeare, *Hamlet*, act 3, scene 1.〔『ハムレット』松尾和子訳、ちくま文庫、一九九六年、pp.119-121〕

自己の生きた体験が異常なものであり、自我を驚愕させ、苦悩にさらす対立物の結合であり、あらゆる「理性的な」熟慮の堕落と冒涜であるという事実をほのめかしている。しかし、同じ出来事を上方から見ると戴冠であり、再び自我と無意識の間の相互的で補償的な関係を示している。

受肉サイクルの目標は、個性化の目標同様に、結合である。天と地、男性と女性、精神と自然、善と悪など、西洋の心では長い間引き裂かれてきた心的対立物が和解する時が来たのである。

文献

Adler, Gerhard. "Aspects of Jung's Personality and Work." *Psychological Perspectives*, Spring 1975.

The Ante-Nicene Fathers. 10 vols. Ed. Alexander Roberts and James Donaldson. Grand Rapids, Mich.: Eerdmans, 1977.

Daniélou, Jean. *The Theology of Jewish Christianity*. Trans. John A. Baker. Philadelphia: The Westminster Press, 1978.

Donne, John. "Holy Sonnets." *The Major Metaphysical Poets of the Seventeenth Century*. Ed. Edwin Honig and Oscar Williams. New York: Washington Square Press, 1968.

Edinger, Edward F. *Anatomy of the Psyche*. La Salle, Ill.: Open Court, 1985.〔『心の解剖学』岸本寛史・山愛美訳、新曜社、二〇〇四年〕

- *The Bible and the Psyche: Individuation Symbolism in the Old Testament*. Toronto: Inner City Books, 1986.

- *The Creation of Consciousness: Jung's Myth for Modern Man*. Toronto: Inner City Books, 1984.

- *Ego and Archetype: Individuation and the Religious Function of the Psyche*. New York: Putnams, 1972.

Frazer, James G. *The Golden Bough*. 3rd ed. 13 vols. London: Macmillan, 1919.〔『金枝篇（一）―（五）』永橋卓介訳、岩波書店、一九六六年―一九六七年〕〔『金枝篇（上）（下）』吉川信訳、筑摩書房、二〇〇三年〕

Guignebert, Charles. *Jesus*. New Hyde Park, N.Y.: University Books, 1966.

Hall, James. *Dictionary of Subjects and Symbols in Art*. New York: Harper and Row, 1974.

Harding, M. Esther. *Woman's Mysteries, Ancient and Modern*. New York: Pantheon Books, 1955.〔『女性の神秘―月の神話と女性原理』樋口和彦・武田憲道訳、創元社、一九八五年〕

Harrison, Jane. *Prolegomena to the Study of Greek Religion*. Cambridge: Cambridge University Press, 1922.

Hennecke, Edgar. *New Testament Apocrypha*. 2 vols. Ed. Wilhelm Schneemelcher. Philadelphia: The Westminster Press, 1963.

Hölderlin, Friedrich. *Poems and Fragments*. Trans. Michael Hamburger. Ann Arbor: University of Michigan Press, 1967.

Jerusalem Bible. Garden City, N.Y.: Doubleday and Co., 1966.

Jonas, Hans. *The Gnostic Religion*. Boston: Beacon Press, 1958.〔『グノーシスの宗教』秋山さと子・入江良平訳、人文書院、1986年〕

Jung, C.G. *The Collected Works* (Bollingen Series XX). 20 vols. Trans. R.F.C. Hull. Ed. H. Read, M. Fordham, G. Adler, Wm. - McGuire. Princeton: Princeton University Press, 1953-1979.

〔『心理学と錬金術Ⅰ』池田紘一・鎌田道生訳、人文書院、一九七六年〕

〔『変容の象徴』野村美紀子訳、筑摩書房、一九八五年〕

〔『タイプ論』林道義訳、みすず書房、一九八七年〕

〔『ヨブへの答え』林道義訳、みすず書房、一九八八年〕

〔『心理学と宗教』村本詔司訳、人文書院、一九八九年〕

〔『アイオーン』野田倬訳、人文書院、一九九〇年〕
〔『個性化とマンダラ』林道義訳、みすず書房、一九九一年〕
〔『転移の心理学』林道義訳、みすず書房、一九九四年〕
〔『結合の神秘Ⅰ』池田紘一訳、人文書院、一九九五年〕
〔『元型論』林道義訳、紀伊国屋書店、一九九九年〕
〔『結合の神秘Ⅱ』池田紘一訳、人文書院、二〇〇〇年〕
〔『哲学の木』老松克博・工藤昌孝訳、創元社、二〇〇九年〕
〔『ゾシモスのヴィジョン』老松克博訳、竜王文庫、二〇一八年〕
- *C.G. Jung Speaking* (Bollingen Series XCVII). Ed. Wm. McGuire and R.F.C. Hull. Princeton: Princeton University Press, 1977.
- *Memories, Dreams, Reflections*. Ed. Aniela Jaffé. Trans. Richard and Clara Winston. New York: Pantheon Books, 1963.〔『ユング自伝1』河合隼雄・藤縄昭・出井淑子訳、みすず書房、一九七二年、『ユング自伝2』同、一九七三年〕
- *Seminar 1925*. Mimeographed Notes of Seminar, March 23-July 6, 1925, Zurich. Kazantzakis, Nikos. *The Saviors of God*. New York: Simon and Schuster, 1969.〔『分析心理学セミナー 1925 ユング心理学のはじまり』河合俊雄監訳、創元社、二〇一九年〕
Liddel and Scott. *Greek-English Lexicon*. Oxford: Oxford University Press, 1963.

The Mysteries: Papers from the Eranos Yearbooks. Vol. 2. New York: Pantheon Books, 1955.

Neumann, Erich. *Depth Psychology and a New Ethic.* Trans. Eugene Rolfe. New York: Putnams, 1969.〔『深層心理学と新しい倫理』石渡隆司訳、人文書院、一九八七年〕

Origen on First Principles. Trans. G.W. Butterworth. New York: Harper Torchbooks, Harper and Row, 1966.

Patai, Raphael. *The Messiah Texts*. New York: Avon Books, 1979.

Pistis Sophia. Trans. G.R.S. Mead. London: John M. Watkins, 1947.

Shakespeare, William. *The Complete Works.* London: Oxford University Press, 1965.〔『ハムレット』松尾和子訳、筑摩書房、1996年〕

Smith, George D., ed. *The Teaching of the Catholic Church. 2* vols. New York: Macmillan, 1964.

Vine, W.E. *An Expository Dictionary of New Testament Words.* Old Tappan, N.J.: Fleming H. Revell Co., 1966.

Voragine, Jacobus de. *The Golden Legend.* Trans. Granger Ryan and Helmut Ripperger. New York: Longmans, Green and Co., 1948.〔『黄金伝説 1-4』前田敬作・今村孝訳、人文書院、一九七九年／平凡社、二〇〇六年〕

あとがき

本書はエドワード・F・エディンジャー Edward F. Edinger（1922 – 1998）の *The Christian Archetype: A Jungian Commentary on the life of Christ,* Inner City Books, 1987 の全訳である。エディンジャーは、ユング派の分析家で、ニューヨークのC・G・ユング研究所の創立メンバーの一人であり、一九六八年から七一年まで所長も務め、その後はロスアンジェルスに移った。邦訳は『心の解剖学』（岸本寛史・山愛美訳、新曜社、二〇〇四年）、『ユングの『アイオーン』を読む』（岸本寛史・山愛美訳、青土社、二〇二〇年）に続いてこれが三冊目になる。本書の原著の出版は一九八七年だが、なぜ今、本書の翻訳を世に問うのか。なぜ「キリスト」なのか。

後者の問いについては、エディンジャー自身が答えている。「心の中に生じた何か新しいものは、それ以前に確立されているパターンに従う時だけ意識に入ることが許されるという心理学的な事実を示している。かくして、深層心理学が新しく発見したことが現代人の心に入る入り口を見つけようと思えば、例えば、聖書のイメージの再解釈がよいということになる」（49ページ）と。

したがって、ユング派に限らず、心理療法を行う者にとって、本書には心理療法のヒントとなる洞察が散りばめられていることになる。この点については山が解説で述べているのでそちらを参照していただきたい。また、「私とは何か」、「私とは誰か」という問いがひとたび尋ねられた時には、そのプロセスは善悪に関わらず生き抜かなければならない、とエディンジャーは述べている（63ページ）。心理療法家に限らず、この問いが問われた者にとっても、本書はそれを生き抜くための導きとなるだろう。

さらに視点を広げると、ニーチェの「神は死んだ」という言葉が端的に示すように、二十世紀に入り、宗教的信条や哲学的理性が失権し、構造主義、ポスト構造主義の隆盛を経た後、ポストモダンの影響を受けたカルチュラル・スタディーズ、ポストコロニアリズムや現代リベラリズム、といった潮流が現代思想を形作ることとなった。しかし、本当に「神は死んだ」のか。近代科学が生まれてきた背景にキリスト教があり、西欧近代科学の思考形式はキリスト教と不可分であることは夙に指摘されているところである。

哲学者のジョルジョ・アガンベンは「科学は現代の宗教になった」と書いている（高桑和巳訳『私たちはどこにいるのか？　政治としてのエピデミック』青土社、二〇二一年）。科学という新たな装いの中に、神はまだ生き続けているというのである。エディンジャーは、ユングに則りながら、「持続的な受肉」について述べている。受胎告知によりキリストが生まれ、その死後、二度目の受胎告知により教会が生まれた。「個人は聖霊の器とはならなかった。その代わり、集合的な器としての教会が聖霊の器として現れた」。そして今、「神が死んだ」と宣言された現代は、各個人の領域に受胎告知が生じる時ではないかというのがユングを踏まえたエディンジャーの見解だ。しかし、アガンベンは、教会の代わりに科学がその位置を占めていると見ている。聖霊への投影は引き戻されるのではなく、教会から科学へとその矛先が移っただけなのかもしれない。

宗教はどの時代にあっても、人間に対して操行の範を示し、規制してきた。新型コロナ感染症を経験した今、人類に対してどのように生きるべきかを示しているのは、ウイルス学である。しかし、「神学者たちは神とは何かをはっきりと定義することはできないと宣明していたが、その神の名において、人間たちに対して操行の規則を押し付け、異端者たちを火あぶりにするのを躊躇わなかった」ように、「ウイルス学者たちはウイルスとは何かを正確にわかっているわけではないと認めているが、そのウイルスの名において、人間たちがどのように生きるべきかを決定するつもりでいる」（アガンベン、同訳書）。この点についてこれ以上触れることは控えるが、このような時代に突入しているからこそ、今一度、キリストの生涯が、そしてキリスト教が、どのようなものなのかを、心理学的観点から考えておくことは現代を生きる者にも必要なのではないだろうか。本書はその助けとなるはずだ。

先に述べたように、ユングの理解に拠りながらキリストの生涯を読み解いた本書は、ユングの視点からキリストの生涯を解釈したコンパクトな概説書であるというのは言うまでもないが、最後に、それと逆の方向、つまり、本書がユングの思想を理解する新たな扉を開いてくれる可能性についても触れておきたい。

ユングは晩年、錬金術を心理学的な観点から理解し、心理療法に生かそうとしたことはよく知られている。『心理学と錬金術』はいうまでもなく、晩年に書かれた『アイオーン』も後半では錬金術について論じられているし、ユングの最後の著作『結合の神秘』は「ユング心理学の学問的集大成(summa)」(Edinger, *The Mysterium Lectures*, Inner City Books, 1995)とも評される大作だが、まさに錬金術と正面から取り組んでいる。このように、晩年の著作の多くが錬金術について論じたものであり、ユングは晩年、錬金術の研究に没頭したと評されることも少なくない。これらの著作は難解であり、ユング派の分析家の中でも、ユングの錬金術研究に関する評価は分かれているようで、それを全く評価しないという立場もある。我が国でも河合隼雄がユング心理学を紹介し、専門家にも一般にもかなりの関心を惹くこととなったが、錬金術に関する言及はほとんどなかった。

このような状況であるから、ユングはなぜ、最晩年にあれほど錬金術研究に没頭したのかについて論じられることも少ない。言及されるとしても、錬金術を心理学的な観点から読み解いて心理療法に生かすというのが大筋の見解である。ところで、本書を訳しながら、『結合の神秘』からの引用が非常に多いことに気がついた。数えてみると、多い順に、『結合の神秘』からは二十五箇所で引用されているが、『心理学と宗教』は九箇所、『アイオーン』と『ユング自伝』が六箇所、『ヨブへの答え』五箇所、『心理学と錬金術』四箇所、『哲学の木』三箇所、あとは一度だけの言及、という結果である。『結合の神秘』からの引用が突出している。

「ミサにおける転換象徴」「三位一体の教義にたいする心理学的解釈の試み」といった論文を収めている『心理学と宗教』からの引用が多いのはわかるが、その三倍近い引用が『結合の神秘』からなされていることはどう考えればよいだろうか。エディンジャーがユングの観点から見た聖書の再解釈を提示するにあたり、『結合の神秘』に多くを負っているということは、同書にユングのキリストおよびキリスト教に対する理解のエッセンスが含まれていることを反映しているのではないか。実際、『結合の神秘』の索引を見ても、キリスト、教会、聖書といった項目は他の項目と比べて突出して多い。

さらに踏み込むと、ユングにとって、晩年の最大のテーマは錬金術ではなく、キリスト教だったのではないかと勘ぐりたくなる。『アイオーン』も後半は錬金術についての論考で占められているが、ユングは『アイオーン』を「医者としての責任から書く」と述べており、特にキリスト教における「善の欠如」の問題と格闘している。『結合の神秘』もその延長と見ることができるのではないか。錬金術に関するユングの論考はキリスト教に関する考察という広い文脈において初めてその真意が見えてくるのかもしれない。今後の課題としたい。いずれにしても、ユングのキリストに対する考え方を知る上では、エディンジャーの『ユングの『アイオーン』を読む』も大いに助けとなるので、本書と併せて読んでいただきたいと思う。
翻訳の原稿は、初めに岸本と山が分担して下訳を行い、その後それぞれが全文を検討し、すでに二〇〇五年に出来上がっていたが、今回、出版が決まり、新たに岸本が全体を読み直して手を加えた。出版に際しては青土社の篠原一平氏に尽力いただいた。心から感謝申し上げる。コロナ禍を経験した今、二〇二一年のキリスト降誕祭の日に本書が世に出ることとなった。一人でも多くの方の手に取っていただければと思う。

岸本寛史・山　愛美

二〇二一年一一月二三日

解説：『キリスト元型』と心理療法―導入として

山　愛美

『キリスト元型 *The Christian Archetype*』というタイトルから、本書はキリスト教についてユング心理学の立場から論じたものだと思われるかもしれないが、そうではない。エディンジャー、E・F（一九二二―一九九八）が、時代を超えて人々の記憶の中に生き続けて来たイエス・キリストの生涯について、ユングの解釈を整理して紹介しようとしたものである。

I　エディンジャーをどのように読むか？

著者のエディンジャーについては、すでに我々（岸本・山）の拙訳で『心の解剖学―錬金術的セラピー原論（原題：*Anatomy of the Psyche*）』（新曜社、二〇〇四年）と『ユングの「アイオーン」を読む―時代精神と自己の探求（原題：*The Aion Lectures—Exploring the Self in C.G. Jung's Aion*）』（青土社、二〇二〇年）が出版されているので、日本でもすでにお馴染みの読者もおられるかもしれない。エディンジャーは、米国のインディアナ大学とイェール医科大学で学び、精神科医になった後、ユング派の分析家になった。彼は、ニューヨークのユング研究所の創立メンバーの一人として、またユングトレーニングセンターの所長としても活躍した。その後ロスアンジェルスで開業し、C・G・ユング研究所で講義を行い、米国のユング派の理論家として指導的な存在となった。

著書には、『*Ego and Archetype*』や上記の『*Anatomy of the Psyche*』を初めとして、キリスト教や聖書に関するもの、錬金術に関するもの、古代ギリシャ哲学やグノーシス主義に関するもの、ゲーテの『ファウスト』やメルヴィルの『白鯨』をユング心理学の視点で読み解いたものなど多くの著書がある。

また、研究所で行われた講義についても、後に編纂して出版されている。特にユングの晩年の著作『転移の心理学』（一九四六）、『アイオーン』（一九五一）、『結合の神秘』（一九五五・一九五六）、各々を読み解いた講義を基に出版された *The Mystery of the Coniunctio—Alchemical Image of Individuation*（1994）、*The Aion Lectures —Exploring the Self in C.G. Jung's Aion*（1996）、*The Mysterium Lectures—A Journey through C.G.Jung's Mysterium Coniunctionis*（1995）は、ユングの著作を理解する上で大きな導き手になる。

ユングのこれらの著作は非常に難解で、キリスト教や象徴体系について、神話、古代の思想や錬金術、グノーシス主義、ヘルメス哲学などの知識、そしてラテン語やギリシア語の語学の知識なくしては到底読みこなすことはできない。その上、何よりも心的事実を大切にしながら展開していくユングの文体に取り組むには、いわゆる知識があるだけでは十分とは言えず、我々読者が自らのイメージする力を駆使しながらユングについて行くという独特の能力が求められる。晩年の著作ほどこの傾向は強くなる。それにもかかわらず、これらの著作はユングを理解する上で重要な意味を持っており、ユング心理学の真髄をなしているとも言えるのである。そこで我々はエディンジャーに頼ることになる。

エディンジャーの著書や講義は、ユングが述べたことをただ噛み砕いて説明するというものではない。むしろ、エディンジャーが、分析での経験、自分自身の内的な体験、加えて博識を活かし、イメージを拡げながら語っている。エディンジャーという土壌にユングの述べたことを種子として蒔き、そこに育ってきたものを、エディンジャーが自分の言葉で語っているかのような印象がある。確かにユングの著作を基にしているのだが、それをエディンジャーが一旦自分の中に取り入れて読み解いているため、単独の読み物としても十分に価値がある。

本書は、ユングの考えに沿ってキリスト神話についての解釈を提示しようとするものである。しかし上述したように、本書も単なるユングの考えの紹介にはとどまっておらず、エディンジャー自身による肉付けがなされている。一見クリアカットなエディンジャーの文体を、字面だけを読んで理解したつもりになりすぎずに、彼の言葉の奥に広がる世界を想像しながら読み進めると、心理療法に寄与するものが見えてくるであろう。

Ⅱ キリスト神話における一連のイメージ

日本の読者にとって、キリストの生涯の出来事といえば、受胎告知、受難、最後の晩餐、磔刑、復活などが思い浮かべられるのではないであろうか。エディンジャーは、次のようにキリスト神話を要約している。

神の先在の、唯一の息子は、自分から神性を取り除いて自分を空《から》にし、人間として受肉するのだが、それは聖霊の働きによるものであって、聖霊が処女マリアを孕ませるのである。彼は卑しい環境に生まれ、神聖《ヌミノース》な出来事が引き続いて起こり、最初の重大な危険を生き延びる。成人に達すると、洗礼者ヨハネの洗礼を受け、彼の使命を知らせる聖霊の降下を目撃する。悪魔の誘惑を生き延びて、聖職者となり、慈悲深く愛情のある神を宣言し、「天の王国」の到来を告げる。疑念に苦しんだ後、定められた運命を受け入れて、なされるがままに、連行され、裁きを受け、鞭打たれ、嘲られ、十字架にかけられる。多くの目撃者によると、墓に入って三日後に彼は蘇る。四十日間、彼は弟子とともに語り歩き続け、その後昇天する。その十日後、五旬節に、聖霊the Holy Ghostが、約束の聖霊《パラクレテ》the promised Paracleteが、降下する。（本文p.13）

さらに、エディンジャーは、キリスト神話を構成する一連のイメージとして次のような14のイメージを取り上げ、「何世紀にもわたって、一連のイメージが集合的な心《サイキ》から結晶化してきて、『元型的な諸力に対する守護符』としての役割を果たしてきた」（本文p.12）と述べている。

1. 受胎告知　2. 降誕　3. エジプトへの逃亡　4. 洗礼　5. 凱旋入場　6. 最後の晩餐
7. ゲッセマネ　8. 連行と裁判　9. 鞭打ちと嘲り　10. 磔刑　11悲嘆と埋葬　12. 復活と昇天
13. 五旬節（聖霊降誕祭）　14. 聖母被昇天とマリアの戴冠

本書では、これらイメージについてそれぞれ章が立てられており、各章冒頭には該当する聖書からの引用が示されており読み易い。

1の「受胎告知」と13の「五旬節（聖霊降誕祭）」は、いずれも精霊の降下という同一のイメージ

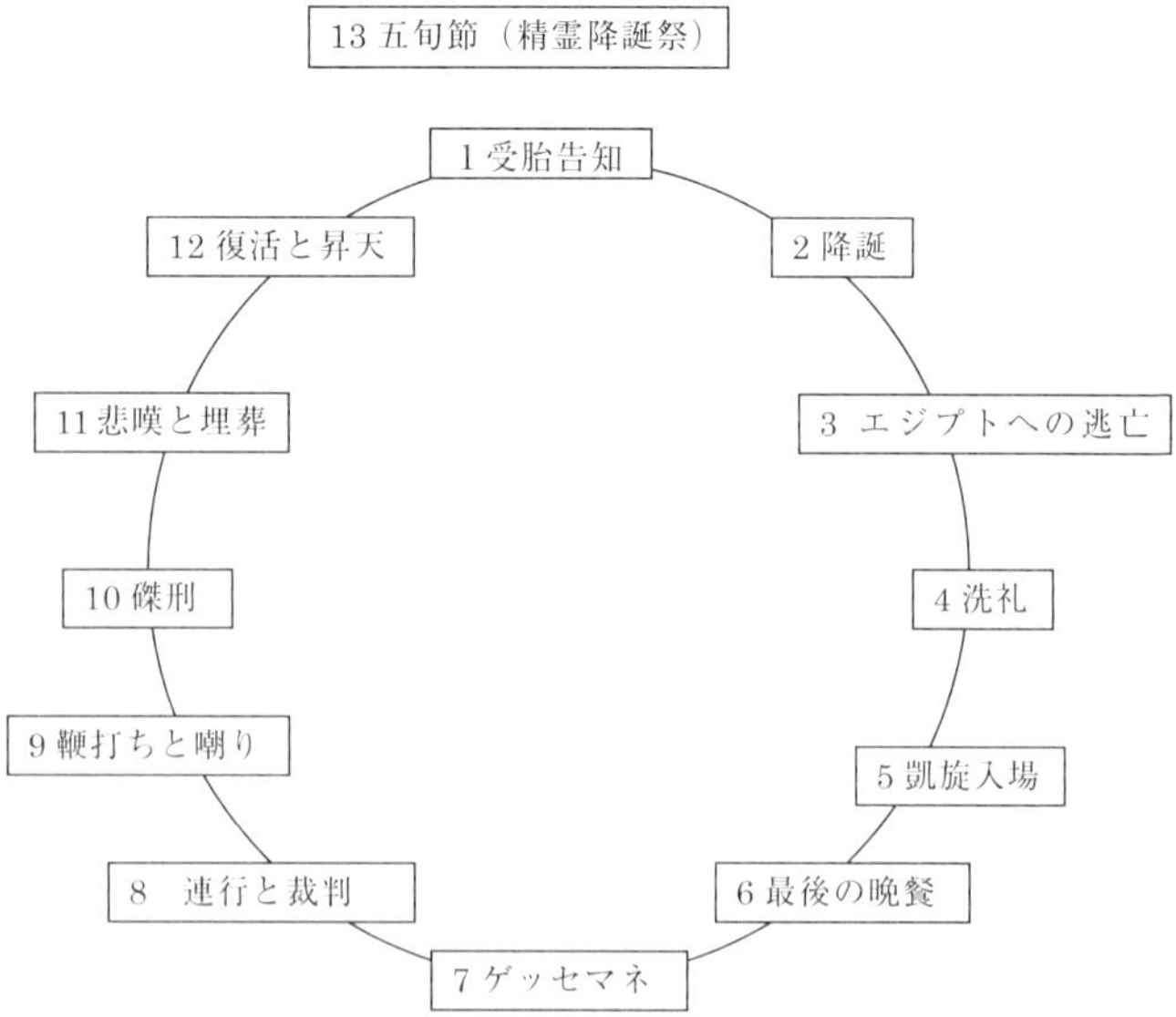

受肉サイクル

であり、1から13までのイメージは継続的な受肉のサイクルをなしている（図）。

Ⅲ「受胎告知」と心理療法

本書の冒頭には、マリアの元に天使が懐胎を告げに来た『受胎告知』の扉絵があり、続いて「**キリストの人生に起こったことは、いつでもどこでも生じている。キリスト元型には、この種のあらゆる生が前もって形象化されている**」という、ユングの言葉（『心理学と宗教』からの引用）が記されている。これは、エディンジャーがユングの言葉を借りて、まず、読者に伝えておきたいことだったのではないだろうか。二〇〇〇年以上前、エルサレムでイエス・キリストの身に起こった出来事は、あの時代、あのイエスに限定的に起こった個人の出来事というのではなく、今、ひょっとしたらあなたや私にも起こっている、あるいはこれから起こり得ることなのだ、と。これは、キリストの物語でありながら同時に我々一人一人の物語でもあり得るのである。

ヨーロッパの美術館を訪れると、必ずと言ってよいほど、「受胎告知」の場面を描いた絵画を目にするが、キリスト教や聖書にあまり馴染みのない者であっても、このような絵画の前に立つと、我々が普段生活している日常とは異なる世界の存在を感じずにはおれない。降下し告知するのは、その都度天使であったり鳩であったりするが、いずれにしても、天上界からの使者は上方から下方へという垂直方向の動きを示している。「受胎告知」は、人知を超えた力で日常（水平次元の世界）が打ち破られるイメージである。マリアにとって、これは圧倒的な体験であり、まさにヌミノースなものとの出遭いと言えるであろう。エディンジャーはこの場面に自我と自己の遭遇を重ねて見ており、**「自我が自己の下に置かれ、奴隷のように感じられることになる」**（本文p.26）、**そしてこれは「心理学的には、ヌミノースなものとの懐胎的な出会いが魂に受け入れられたことを意味する」**（本文p.26）と述べている。これは非常に重要な点である。

次に、エディンジャーは、第1章「受胎告知」の冒頭で次のように述べている。

分析は、我々を捉える体験、あるいは天から降りかかってくる体験を解き放つものでなければならない。そこで解き放たれる体験は、古代人に生じた体験と同じく、実体と肉体を持つ体験である（本文p.17）。

心理療法の始まりはさまざまである。来談者《クライエント》は、我々心理療法家のもとに、症状や問題と呼ばれるものを携えて来談される。このような症状や問題が生じてくること、それがこれまでの日常を打ち破る「我々を捉えた体験」、「天から降りかかってくる体験」と理解することができるだろう。そのような体験がその人に何かを孕ませる懐胎的な体験になり、心理療法が始まることもある。

同様のことは、集合的なレベルでも言えるのではないだろうか。昨今、毎年のように日本各地で、いや、世界中のあらゆるところで、洪水や山火事などの自然災害が起こっている。我々は、これらは地球温暖化、気候変動によるものということで、科学的に説明がついているとわかった気になっている。しかし、本当にそれだけで良いのだろうか。

すでに二年近く、COVID-19によるパンデミックは地球規模で猛威を振るい続け、結局人々は翻弄されるだけでほとんどなす術はない。アフリカ大陸では一体何が起こっているのか、我々にはほとんど見えてさえ来ない。医学やテクノロジーがこれだけ発展している（と人々が信じていた）、グローバル化したこの時代に、である。「コロナとどのように戦うのか」とか「コロナとどのように共存するのか」という言葉をよく耳にするが、こうしたこの世レベル（水平次元）の見方だけではなく、この現状を、日常を超えたところからの我々に対する警告として受け取る視点も必要なのではないか。それが「受胎告知」となり得るのか。魂レベルで受け入れ、我々がそれを引き受けるのか、あるいはただ「惨事」で終わるのか。私は、今こそ、集合的な「心理療法」が必要な時なのではないか、と思うのである。

Ⅳ 自我の視点と自己の視点

序の冒頭には、ユングの著書『心理学と宗教』からの次のような引用が記されている。

キリストの元型的な生のドラマは、高次の神意によって変容を被った人間の、意識的な生《ライフ》と、意識を超えた生《ライフ》に起こった出来事とを、象徴的なイメージで描写している。（本文p.11）

これに続き、エディンジャーは以下のように述べている。

キリストの生は、心理学的に理解すると、自己が個人の自我に受肉して変化していく様子と、自我が神のドラマに参加して変化していく様子とを表している。言い換えれば、キリストは、個性化の過程を表している。この過程が個人に降りかかると、救済にも惨事にもなる。教会や宗教的な教義の中に包まれている限り、個人が個性化の過程を直《じか》に体験するという危険からは守られる。しかしひとたび宗教的神話という容器から飛び出してしまうと、個人が個性化の候補となる。（本文p.11）

本書では、キリストの生の中に個性化の過程を読み取る試みがなされている。個人が個として如何に生きるのか。もちろんこれは我々すべての問題である。しかしここで言っているのは、一般に言う「どう生きるのか」という問いとは異なるということを知っておかねばならない。まず始まりに「私ありき」ではない。前提として私という存在があって、その私がどう生きるのか、という発想ではないのだ。

初めにあるのは自己。これは、一言で表現するのは難しいが、敢えて言うならば全体性。そこからまず自我の萌芽が生じ、その自我がどのように受肉されていくいのか、なのである。視野が自我の生に限定されていない。

ユングは錬金術の過程の中に個性化の過程を見出したが、自我の誕生のプロセスは、錬金術の用語では、凝固（coagulatio）―固めること―である。全体性の元型である自己から、自我という一つの具体的な存在としての個が形作られて－固められて－いく過程が問題となっているのである。

そして「**キリストの生は……自己が個人の自我に受肉して変化していく様子と、自我が神のドラマに参加していく様子を表している**」とあるが、これは、同じプロセスを二つの視点から見ている。自己の視点と自我の視点、天上の視点と地上の視点とでも言えようか。ここで、『転移の心理学』（1946）でユングが引用している、次のような錬金術の有名な一節が思い出される。

上なる天
下なる天
上なる星
下なる星
上なるものはすべて
下にもまたあり
これを掴め

さすれば歓喜が訪れる。

エディンジャーも、『心の解剖学』の中でこの一節を引用し、「錬金術師にとって、上と下、及び内と外とは、隠れた関係性や同一性でつながっている。天上で起こることが地上でも起こって重複される」（p.15）と述べている。

心理療法において、上と下、内と外というそれぞれ相対立する二つの視点を同時に持っていることは重要である。来談者《クライエント》の体験を、個人的具体的な（自我の）次元で見ると同時に、個人を超えた（自己の）視点も合わせ持って見る。そしてさらに外界に生じることと内界に生じることとを慎重に重ね合わせて見るような視点である。

心理療法において、「今・ここ」における来談者《クライエント》の苦しみ、痛みを感じながらもただそこに拘泥するのではなく、「今」を突き抜けてその向こうに、十年、百年、さらには悠久の時間が見えるか、目の前の「○○さん」という具体的な姿と同時に、個を突き抜けて、ユング心理学のいう元型的なものや連綿と続く生の連鎖、永遠の時間の流れが見えるか、が問われている。

次に、自我に受肉するとは、自我が生まれ、それがいかに具体化されていくかということである。

具体化とは体が具わっていくことである。白川静の『常用字解』（平凡社）によれば、体は「からだ」という意味とともに「かたち・すがた」という意味も持つ。生まれた自我がどのように目に見えるものとして顕れ、どのようなすがた・かたちをもって変化を遂げていくのか。

「この過程が個人に降りかかると、救済にも惨事にもなる」とエディンジャーは言う。そして**「教会や宗教的な教義の中に包まれている限り、個人が個性化の過程を直《じか》に体験するという危険からは守られる。しかしひとたび宗教的神話という容器から飛び出してしまうと、個人が個性化の候補者となるのである」**とある。

上述したキリスト神話の物語は、時代を超えて人々の中に生き続けて来た。また、その一連のイメージは、何世紀にもわたりキリスト教芸術の中に繰り返し取り入れられて来ている。多くの芸術家たちが、それぞれのイメージをテーマとした絵画を描き、造形作品を創って来た。音楽家の手によって多くのミサ曲が書かれ、演奏され続けている。これらの作品は、繰り返し人々の目に触れ、耳に入って来た。こうして芸術と宗教は一体となり――本来これらは渾然一体だったわけだが――、人々の心の奥深くにキリストの生の一連のイメージをしっかりと刻み込んで来た。つまり、ただ教義を理解するだけではなく、これらのイメージは、時間をかけて人々の体の中にも浸透していたのである。

教会や宗教的な教義の中に、元型的なものが収まっており、キリストが代表として体験してくれるので、その中にいる限り、個人が直に元型的な緒力を体験することは免れる。教会や教義は、守護符であり、要はお守りだったのだ。しかし、もちろん西洋社会においても、今日ではかつて教会やキリスト教神話が担ってきたこのような役割を果たすことはもはや期待できない。

ヌミノースなものが新たな受肉の対象を探し求めているということもできるであろう。受肉のプロセスの断片を、現代の個人の夢の中に見出すことも出来る。その意味をきちんと受け取り、生き抜く力のある人は取り組めばよい。もちろん文学作品、芸術作品の中にも表現されている。一見「惨事」と見られてしまいがちな事件や病気の場合も、同様の意味を持つこともある。それがどのように体験されるかによって、「救済にも惨事にもなりうる」のである。そして、軽々には言えないが、すでに述べたように、不特定の集団に降りかかるものとして、ある種の自然現象や社会現象と言われるものの中にもそのような断片が確かに見られる。

ユングは、「**我々は、『神の変身』の時《カイロス》に生きている**」と言う。神は新しい体《からだ・かたち・すがた》を探し求めている。エディンジャーはキリストの生を偉大なる受肉の神話と捉え、それを吟味することで、そこに何らかの示唆を見出そうとしているのである。そして最後にエディンジャーは、「**受肉サイクルの目標は、個性化の目標同様に、結合である。天と地、男性と女性、精神と自然、善と悪など、西洋の心では長い間引き裂かれてきた心的対立物が和解する時が来たのである**」（本書p. 166）という言葉で、本書を締め括っている。

V 日本についてはどのように考えれば良いのか？

さて、ここまでエディンジャーの論考に沿って、キリスト神話が我々に共有されているかのように述べてきた。しかし、多くの日本人にとって、たとえ知識としてキリスト教のことを知ってはいても、それは「生きられた」キリスト教であるとは言い難い、と思う。

私は、日本の宗教について語る十分な知識も持ち合わせていないし、ここでそれについて述べるだけの紙面の余裕もない。ただ、ヨーロッパにおけるキリスト教のようには、特定の宗教が守護符の役割を担って来なかった日本においてはどのように考えれば良いのか、という問いは投げかけておきたい。

かつて、我々は自然の中に人間の力を超えた圧倒的な力を見て畏れてきた。日常生活の中でも、何／誰に対して言っているのかは自覚しないまま、「ご馳走様」、「頂きます」と言う。例えば「罰が当たる」という時、罰を当てるのは一体誰なのだろう。ひと頃「もったいない（MOTTAINAI）」は世界的にも流行語にもなっていたが、「もったいなし」には「畏れ多い」という意味もある（『広辞苑』より）。誰／何に対して畏れ多いのだろうか。「ありがたし（有難し）」にもいわゆる感謝の気持ちだけではなく、「もったいない、恐れ多い」という意味もある（『広辞苑』より）。いずれも背後に何者かに対しての畏れがある。この何者かは、特定の宗教における神というのではなく、具体的な名を持たない。木に宿る神、水に宿る神、火に宿る神等など、そこかしこに偏在する汎神論的な存在である。

これらの神々は、少なくとも皆、我々が現実だと思い込んでいるこの世界の住人ではない。もし、そこに適切なエネルギーが注ぎ込まれるならば、我々を向こうの世界へと誘ってくれる存在である。ほんの百年ほど前には、まだ存在していた妖怪や鬼、天狗、河童等なども、今やゲームの中やインターネット上のヴァーチャルな世界へと居を移した。かつては至るところで見られた向こうへの入り口は、実は今もそこにあるのだが、それを感知する人々が減ってしまっただけなのかもしれない。時折「パワースポット」と呼ばれる場所に行って「癒される」というのは一見効率が良いように見えるが、魂に届くような体験になるにはなかなか距離があるのではないか。

西欧とは異なる歴史を歩んできた日本においても、やはりヌミノースなものの受肉はこれからの重要な課題である。

最後に、あとがきでも触れているように、近代科学が生まれてきた背景にキリスト教があり、西欧近代科学の思考洋式はキリスト教と不可分である、と捉えるならば、我々は日本にとって近代科学が意味するものについて、独自に真剣に考える必要があるのではないだろうか。

付記：本稿は下記の山（2006a）に山（2006b）の一部を加えて大幅に加筆修正をしたものである。

山　愛美（2006a）『キリスト元型』と心理療法　京都学園大学人間文化学会紀要『人間文化研究』第17号213-221.

山　愛美（2006b）『キリスト元型』における「受胎告知」と心理療法をめぐって　京都学園大学人間文化学会紀要『人間文化研究』第18号19-29.

Frontispiece. ANNUNCIATION. Roger van der Weyden. Metropoli tan Museum of Art, New York. Flemish ca. 1400-1464.

1. ANNUNCIATION. From The Belles Heures of Jean, Duke of Berry. New York: George Braziller, 1974. The Cloisters, Metropolitan Museum of Art. Fol. 30. French ca. 1410.
2. ANNUNCIATION. Rembrandt drawing. From Rembrandt's Life of Christ. New York: Abradale Press, n.d., p. 5. Musée Communal, Besançon. Dutch ca. 1606-1669.
3. ANNUNCIATION. Giovanni di Paolo. National Gallery of Art, Washington, D.C. Sienese ca. 1445.
4. NATIVITY. From The Belles Heures of Jean, Duke of Berry. New York: George Braziller, 1974. The Clois ters, Metropolitan Museum of Art. Fol. 48V. French ca. 1410.
5. THE ADORATION OF THE MAGI AND THE CRUCIFIXION. Ivory diptych. Victoria and Albert Museum, London. French ca. 1340-1360.
6. FLIGHT INTO EGYPT. Boucicaut Master. Musée Jaquemart-André, Paris. MS. 2, fol. 90V. French ca. 1400.

7. FLIGHT INTO EGYPT. From The Belles Heures of Jean, Duke of Berry. New York: George Braziller, 1974. The Cloisters, Metropolitan Museum of Art. Fol. 63. French ca. 1410.

8. BAPTISM. From The Grandes Heures of Jean, Duke of Berry. New York: George Braziller, 1971. Plate 89. Bibliothèque Nationale, Paris. Fol. 86. French 1409.

9. BAPTISM. Rembrandt drawing. From Rembrandt's Drawings and Etchings for the Bible. Philadelphia: Pilgrim Press, 1969. Figure 163. Kupferstichkabinett, Dresden. Dutch ca. 1660.

10. TRIUMPHAL ENTRY INTO JERUSALEM. From The Grandes Heures of Jean, Duke of Berry. New York: George Braziller, 1971. Plate 78. Bibliothèque Nationale, Paris. Fol. 61. French ca. 1409.

11. CHRIST DRIVING THE MONEYCHANGERS FROM THE TEMPLE. Rembrandt etching. From Rembrandt's Drawings and Etchings for the Bible. Philadelphia: Pilgrim Press, 1969. Figure 214. Dutch 1635.

12. THE LAST SUPPER. From The Hours of Catherine of Cleves. New York: George Braziller, n.d. Plate 77. The Guennol Collection and the Pierpont Morgan Library. G-F142V. Dutch ca. 1440.

13. EARLY CHRISTIAN LAST SUPPER. Mosaic. Sant' Apollinare Nuovo, Ravenna.

14. AGONY IN THE GARDEN. From The Hours of Catherine of Cleves. New York: George Braziller, n.d. Plate 16 The Guennol Collection and the Pierpont Morgan Library. M-P120. Dutch ca. 1440

15. CHRIST CONSOLED BY AN ANGEL. Rembrandt drawing. From Rembrandt's Drawings and Etchings for the Bible. Philadelphia: Pilgrim Press, 1969. Figure 217. Graphische Sammlung, Munich. Dutch ca. 1635.
16. TAKING OF CHRIST. From The Hours of Catherine of Cleves. New York: George Braziller, n.d. Plate 17. The Guennol Collection and the Pierpont Morgan Library. G-F47. Dutch ca. 1440.
17. CHRIST BEFORE CAIAPHAS. Rembrandt drawing. From Rembrandt's Drawings and Etchings for the Bible. Philadelphia: Pilgrim Press, 1969. Figure 224. Kupferstichkabinett, Berlin. Dutch ca. 1649-1650.
18. FLAGELLATION OF CHRIST. From The Hours of Catherine of Cleves. New York: George Braziller, n.d. Plate 22. The Guennol Collection and the Pierpont Morgan Library. G-F60V. Dutch ca. 1440.
19. MOCKING OF CHRIST. Rembrandt drawing. From Rembrandt's Drawings and Etchings for the Bible. Philadelphia: Pilgrim Press, 1969. Figure 227. Pierpont Morgan Library, New York. Dutch ca. 1652-1653.
20. CRUCIFIXION. Manuscript illumination. Gerona Beatus (A.D. 975). From John Williams, Early Spanish Manu script Illumination. New York: George Braziller, 1977. Plate 29. Gerona Cathedral. MS. 7, fol. 16V.
21. CRUCIFIXION. Cover of the Echternach Gospels. Ivory, beaten gold, enamel and precious stones. Germanisches National Museum, Nuremberg. Ca. 990.
22. THE CROSS AS A TREE. Illumination of a Bible. Pacino di Bonaguida. Biblioteca Trivulziana, Milan. MS. 2139. Ca. 1300.

23. CRUCIFIXION. Dürer woodcut. From Willi Kurth, The Complete Woodcuts of Albrecht Dürer. New York: Dover Publications, 1963. Figure 88. German ca. 1400.
24. ENTOMBMENT. From The Hours of Catherine of Cleves. New York: George Braziller, n.d. Plate 30. The Guennol Collection and the Pierpont Morgan Library. G-F73V. Dutch ca. 1440.
25. DESCENT INTO LIMBO. From The Grandes Heures of Jean, Duke of Berry. New York: George Braziller, 1971. Plate 88. Bibliothèque Nationale, Paris. Fol. 84. French 1409.
26. RESURRECTION. From The Hours of Catherine of Cleves. New York: George Braziller, n.d. Plate 31. The Guennol Collection and the Pierpont Morgan Library. G-F74. Dutch ca. 1440.
27. ASCENSION. Rembrandt painting. Alte Pinakothek, Munich. Dutch 1606-1669.
28. PENTECOST. From The Très Riches Heures of Jean, Duke of Berry. New York: George Braziller, 1969. Plate 76. Musé Condé, Chantilly. F-79. French 1416.
29. CORONATION OF THE VIRGN. From the Très Riches Heures of Jean, Duke of Berry. New York: George Braziller, 1969. Plate 59. Musé Condé, Chantilly. F-79. French 1416.
30. CORONATION OF THE VIRGN MARY AND THE EXTRACTION OF MERCURIUS. From Reusner, Pandra (1588). Reproduced in Jung, Psychology and Alchemy, CW12. Figure 232.

索引

な行

は行

ま行

や行

ら行

アルファベット

図一覧

キリスト元型
ユングが見たイエスの生涯

著　者　エドワード・エディンジャー
訳　者　岸本寛史・山 愛美

2021年12月30日　第一刷印刷
2022年 1 月10日　第一刷発行

発行者　清水一人
発行所　青土社

〒101-0051　東京都千代田区神田神保町1-29　市瀬ビル
［電話］03-3291-9831（編集）　03-3294-7829（営業）
［振替］00190-7-192955

印刷・製本　ディグ

装丁　大倉真一郎

ISBN978-4-7917-7439-5　Printed in Japan